組織をゾーンに入れる

会議の魔法

戦略創発ファシリテーター
伊賀聡

日経BP

はじめに

「会議を通じて組織がゾーンに入る」と聞いて、あなたは信じられますか？

創造的な戦略が生まれ、目標や戦略が共有され、一人一人のメンバーの魂に火が付き、組織に横連携が生まれ、統合された戦略の下、それぞれの施策が展開され、様々な関係者の心を動かすことで大きな成果が上がる。そんな夢のようなことが会議を通じて起きるなんて……。

組織がゾーンに入る——。チームスポーツではよく目にする光景でしょう。人々の印象に残る感動的な場面は、まれに起きる奇跡の大逆転です。例えば２０２３年のワールド・ベースボール・クラシック（ＷＢＣ）で優勝したサムライジャパンの大活躍は、記憶に新しいところではないでしょうか。

３月21日に行われた準決勝メキシコ戦。日本チームに奇跡の逆転劇が起こりました。試合は終始メキシコのリードで進み、9回表メキシコの攻撃が終わって4対5と日本は1点のビハインド。いよいよ9回裏の攻撃です。以下、「2023 WORLD BASEBALL CLASSIC」の公式ページを基に、試合を振り返ってみましょう。

9回表、まずは大谷翔平選手がメキシコの守護神ジョバニー・ガジェゴス投手の初球を右中間に運びます。二塁に達すると、大谷選手は日本ベンチに向かって両手であおるジェスチャーでチームを鼓舞します。続く吉田正尚選手が四球を選んだ後、村上宗隆選手が打席に立ちます。村上選手は大会を通して不振にあえいでおり、この日も3打席連続三振に倒れていましたが、3球目の甘く入ったストレートを振り抜くと、打球はセンターの頭上を超えてフェンス直撃。大谷選手が二塁から生還してまず同点。さらに代走の周東佑京選手が一塁から俊足を飛ばして一気に生還しました。この逆転サヨナラ劇に野球ファンのみならず、日本国民の多くが興奮したことでしょう。

打席に立った大谷選手の集中力が普段以上に高まっていたことは、テレビ画面からも十分伝わってきました。2塁ベース上で見せた仲間を鼓舞するポーズは、チームだけでなく観客の心も揺さぶりました。大谷選手の行動は後続の選手たちの心に火を付け、各選手も集中力を高めていきます。大谷翔平という一人の選手の集中力が、大舞台の中で周囲に伝播し、組織全体がゾーンに入る。そんな場面を私たちは目の当たりにしたのです。

もう一つスポーツで心に残った事例を紹介しましょう。少し時を遡りますが、それはラグビーワールドカップ（W杯）２０１５での出来事。「ブライトンの奇跡」として知られる、9月19日の南アフリカ戦です。この時、日本代表ブレイブ・ブロッサムズは初のベスト８が目標でした。しかし、W杯で24年間も勝利がない日本と、W杯２回優勝の実績がある南アフリカとの実力差は歴然でした。

試合は前半、南アフリカの波状攻撃を必死に防いだ日本が10対12の僅差で折り返します。後半残り9分の時点で29対32。ここから日本チームの集中力がどんどん高まっていきます。スタンドからの大声援を受け、日本は南アフリカのゴール前へと攻め込んでいきます。多くの観客が、予想外の健闘を見せる日本を応援していました。

異様なムードの中、残り約３分に南アフリカが反則を犯し、日本にペナルティーゴール

（ＰＧ）が与えられました。五郎丸歩選手がＰＧを決めれば引き分けに持ち込めます。しかし、リーチ・マイケル主将の選択は違いました。トライを狙いにいったのです。残り約１分、ゴール近くで南アが反則。リーチ主将は再びＰＧではなくスクラムを選び、トライを狙いにいきます。エディー・ジョーンズ・ヘッドコーチ（ＨＣ）はＰＧの指示を出していました。しかし、「勝たなければ歴史は変わらない」と選手たちは気持ちを一つにして勝負に出ました。恐らく選手たちの集中力はピークに達していたでしょう。

果たして、ブレイブ・ブロッサムズは世界のラグビー史において永遠に語り継がれるであろう、奇跡のジャイアントキリングをなし遂げたのです。

勝負に勝つ、優勝するなどの大きな成果を達成できるのは、日々の個人トレーニングやチームミーティング、チームの連係プレーを体にたたき込む練習の繰り返しがあってのことです。日々のチームコミュニケーションと反復練習を通じて、互いの信頼関係と勝利を目指すという共通目標が生まれたからこそ、メンバー全員のモチベーションが高まり、一人一人が持っている力が最大限発揮され、さらにメンバー間での相互触発、相乗効果が生まれるのです。それが、大舞台での奇跡の大逆転へとつながるのです。

こうした一連の流れを、私はチームが「ゾーンに入る」と呼んでいます。チームスポーツほどドラマチックではないかもしれませんが、ビジネスにおいてもそのようなことは起こり得ます。日々の「会議」を通じて組織内のコミュニケーションが円滑になり、継続的に互いが持つ知恵を出し合い、互いの信頼関係と事業成長を目指すという共通目標が生まれ、メンバーのモチベーションが高まり、一人一人が持っている力が最大限発揮され、さらにメンバー間での相互触発、相乗効果が生まれます。それが組織全体の力を引き上げるため、大きな事業成長へとつながるのです。

チームスポーツでは、監督やヘッドコーチといわれる指導者が存在します。そこで選手に与えられる戦略というと、監督や幹部が考え、上から与えて従わせるといったイメージがあるかもしれません。しかし、偉大な指導者は選手たちに声をかけ、個性あふれるメンバーの専門性や強みを生かしながら、彼らの中に眠っているアイデアやひらめきを引き出し、それらを結集して1つの戦略としてまとめ上げます。ただ上から与えた戦略では、選手たちの間で自分事化しないのをわかっているからです。メンバー一人一人が、自分たちの頭で、自分たちの言葉で考えた戦略であることが重要なのです。

2023年のWBCで、米国との決勝戦を前に大谷選手がチームメイトにかけた「(相手のメジャーリーガーに対して)憧れるのをやめましょう」の言葉は有名です。一人の選手が言った言葉が仲間の心を動かし、奮い立たせ、目標や指針となり、一人一人の集中力を高め、それが相互触発を生み、チーム全体に広がり、組織の創造力と実行力が極限にまで高まる。そうなった時、初めて奇跡は起きます。そして、その奇跡を起こすために各球団、各チームは外部からプロフェッショナルの監督、指揮官を招聘《しょうへい》するのです。

音楽でも同様のことは起きます。世界の名だたる交響楽団、オペラやバレエ団は、外部から音楽監督「マエストロ」を招聘します。マエストロは各楽団員の持つ専門性や才能、個性を引き出しながら全体を統合し、聴衆に感動を与える音楽を創造します。

時に有名マエストロばかりが脚光を浴びる傾向はありますが、マエストロのわがままだけで奇跡のような演奏が創造できるわけではありません。交響曲は交わり響くことが大切ですし、協奏曲は、協の字の通り、楽団員が力を合わせ、助け合って音楽を奏でることで良い音楽が「協＝かなう」という意味です。協奏とはまさに共創なのです。

マエストロは優秀なスポーツの指導者と同じく、楽団員が持っている個性や才能、可能性、アイデアを引き出す役割を担います。それらを生かしながら楽団全体が進むべき方向を示す指導者、つまり戦略の「ナビゲーター」です。さらに各専門パートがバラバラになり、個別最適や部分最適に陥ったりしないよう全体を統合する「インテグレーター」でもあり、全体をオーケストレーションする調整役の「ファシリテーター」でもあります。高い視座、広い視野、鋭い視点が必要な、クリエイティブな仕事です。センスに加え、経験の蓄積も必要です。

マエストロ自身はあくまでメンバーの能力を引き出すことにたけた、協奏支援者です。こんにち、ビジネスの世界においても経営の伴奏（伴走）支援や協奏（共創）支援を行う「戦略マエストロ」が必要になっているのではないでしょうか。

社会や技術が複雑になり、社会課題や地域課題、産業課題の解決が難しくなっています。それを乗り越えるため、多様な個性、才能、専門性を持つメンバーの知恵やアイデアを引き出し、それらを創造的な戦略にまとめ上げ、目標や方針を共有し、メンバー一人一人のモチベーションを高め、各施策を部分最適、個別最適にとどめることなく統合し、横の組織ともシステマチックに連携しながら、最大の成果を上げることが求められているのです。その役割を担う存在こそが「戦略マエストロ」です。

戦略マエストロは、従来の軍隊型、ピラミッド型組織を率いるリーダーとは異なり、協奏支援に徹し、フォロワーシップで能力を発揮する新しい時代のビジネスリーダー像です。まさに「戦略の黒子役」と言ってもいいでしょう。

戦略マエストロが活用すべき手段が「会議のファシリテーション」です。普段の会議を共創の場、創発の場に変え、「会議の力」を通して、社会が、地域が、組織が、内側に持っている経営力を引き出します。さらに経営力再構築の協奏（共創）支援を行い、会議の力で社会や地域、経営の課題を解決します。

本当に会議の力で組織を変えることができるの？　会議の力で創造的な戦略が生まれ、組織がゾーンに入るだって？　誰もがにわかには信じられないはずです。そういう方に、ぜひこの本を読んでいただきたいと思います。

本書では筆者が20年以上にわたる、推定1万回・2万時間を超えるファシリテーター経験で培った、ベテラン戦略家ならではの組織をゾーンに入れる会議と事業戦略づくりの奥義を、余すところなく棚卸ししました。これから「戦略」について学ぶ初心者には、必ずしもわかりやすい内容ではないかと思いますが、特に仕事のスタイル、仕事の価値観が大きく変わろうとしている今、組織マネジメントやプロジェクトリーダー、事業責任者として大きな悩みや迷いを抱えている経営者、マネジャー、リーダー層に届くことを願っています。

また、まだまだ俺は力を発揮できる、若い世代には負けんと思っているシニア層にも、「戦略マエストロ」という、一つの在り方、ロールモデルを提示できると幸いです。

戦略創発ファシリテーター
伊賀 聡

組織をゾーンに入れる
会議の魔法

目次

急の編　組織をゾーンに導く組織運営

発
かけられた魔法

第1章
楽しくなければ
人は動かない

第2章
日本の
「組織あるある」を
考える

第3章
会議の参加者が
かけられた魔法

第1章

楽しくなければ人は動かない

AI時代の人間の仕事は「楽しい仕事」＝「体験価値」

現在、オフィスワークの多くが人工知能（AI）に取って代わられるといわれています。ルーティンの事務的作業、定型的な業務から代替は進み、仕事の多くがAIによって効率化されていくでしょう。

では、戦略業務はどうでしょう？　これまで経営企画や戦略企画が行っていた一般的なリサーチ、分析、戦略立案なども、生成AIのChatGPTに適切なプロンプト（命令文）を入力すれば、スピーディーに情報を収集し、様々なビジネスフレームに整理してアウトプットしてくれます。ChatGPTを相手に壁打ちを重ねることで、それなりの戦略をまとめることもできそうです。近い将来、経営の大半をAIに任せる企業が誕生するかもしれません。

戦略に基づいて効果的な施策を行うには、様々な専門性や機能、部門・部署の、システマチックな連携と統合が必要です。経営企画、調査、人事、財務、研究開発、商品開発、調達、製造、広報、宣伝、営業、マーケティング、物流、店舗運営、顧客サービスなど、多様な機能の連携と統合が不可欠です。

しかし、複雑なシステムの連携と統合はかなり骨の折れる仕事です。導入を試みる企業がシステムトラブルで、戦略の見直しを迫られているといったニュースも目にします。現状は、機械やシステムが言うことを聞いてくれない状況を解決するために、人間が不備をチェックし、管理するという煩雑な作業を余儀なくされていますが、それも将来的には解消されていくでしょう。緻密で煩雑で面倒で、でも定型的で、それほど深く考えなくても済む作業や戦略の立案、施策展開なども、人の手をそれほど借りなくて済むようになるでしょう。

ではAI時代に人間は何をやるようになるのでしょうか？

それは人間がやって「楽しいこと」や「ライブな体験」ではないでしょうか。スポーツ、アート、音楽、演劇、推し活、グルメ、旅行やレジャーなどと同じように、「楽しい仕事」だけが人間のやる仕事になる。仕事の目的はお金を稼ぐために仕方なくやるのではなく、楽しいからやることへと変わるでしょう。そんな楽しい仕事は周囲を巻き込み、みんなを楽しくすることができる、場合によっては感動も与えられます。その結果として、お金も付いてくるというわけです。

アートや音楽の世界にもＡＩが進出しています。しかし、仮に拡張現実（ＡＲ）や仮想現実（ＶＲ）を活用した壮大なデジタルライブ会場ができたとしても、生身の人間がライブで発揮するクリエイティビティーがもたらす、同じリアルな場にいるからこその共体験、アーティストの熱量がもたらす感動体験を超えないのではないでしょうか。

これからの仕事は、「楽しい仕事」＝「体験価値」です。「楽しい仕事体験」に人は集まり、お金が生まれてくる。逆に言うと、「楽しい仕事」にしか人が集まらなくなる。人手不足が進む中、つらい仕事、大変な仕事、面倒な仕事には人が集まらなくなる。単純な仕事や複雑な仕事もそうです。そのような仕事は、機械（ＡＩやロボット）での代替を急ぎ進める必要があります。

仕事の中で最もライブを感じられる場が「会議」

「楽しい仕事」にはどんなものがあるでしょうか？　上記のような、スポーツ、アート、音楽、演劇……など、まずは直接的にクリエイティビティーの発揮が求められる仕事が挙げられます。衣食住のファッション、フード、リビングも、機械を超えた人間の感性や感覚、洞察力がものをいう領域でしょう。ポイントは五感を使って感じさせる、五感を使って体験させる、五感を使って巻き込む必要があることです。

「ライブ」が必要な仕事は他にもたくさんあります。子育て、教育、医療、介護などは人と人との直接的なコミュニケーションが大事です。独居老人と心を交わす見守りロボットも登場していますが、やはり人間に勝ることはないでしょう。

特別な仕事ばかりではありません。全ての仕事には社会的意義があります。誰かのために役立っている、誰かに喜ばれる、社会を支えているなどの実感を得ることができればやりがい、働きがいにつながってきます。「甲斐」があれば、仕事が楽しく感じるはずです。

「戦略企画」も、人間の潜在的な願望を洞察し、知恵と創造性を発揮して様々な人の感性や内発的動機を刺激し、練り上げた戦略を実行・実現するために関係者を巻き込んでいかなくてはなりませんから、機械にはできないクリエイティブな職業と言えます。さらに、そのプロセスにおいて欠かすことのできない「会議」は、人間にしかできない「楽しい」&「ライブ」な仕事の代表となり得ると私は考えています。

えっ、会議なんてほとんど意味がない。うちの会議なんて誰も発言しないし、何も決まらない。それどころか、会議をやる前から結論が決まっている。上意下達の伝達の場に過ぎない。忖度と予定調和があふれ、時間の無駄。生産性を低下させている元凶――。

大方の人の会議に対する印象は、こんなところでしょうか。会議はどんどんオンライン化され、時間も以前は2時間が標準だったものが、現在は30分、10分というように時短が進んでいます。議事録や要約も、いまやAIが作ってくれます。会議こそ、数ある仕事の中で最も効率化を進めたいタスクの一つではないでしょうか。確かに、現在行われている世の中の会議のほとんどは、効率化を進めるべき無駄な会議かもしれません。

しかし、私の見立ては異なります。仕事の中で最も「楽しい」&「ライブ」を感じることができる場が「会議」です。何より創造的な戦略、創造的なビジネス、創造的な社会、創造的な地域を創るために、会議の力は不可欠です。会議の力をもってすれば、「経営課題、社会課題、地域課題を解決できる」と言っても過言ではありません。

旧暦10月、日本中の神様が出雲に集まって、この国をどうするか会議を行います。出雲では神在月《かみありづき》と呼ばれます。様々な専門性を持った八百万《やおよろず》の神が一堂に会して喧々諤々《けんけんがくがく》、議《はか》り事を行います。日本は古来、会議の力で課題を解決し、新しいものごとを創造してきたのです。

様々な個性を持った八百万の神様が、ワイワイガヤガヤ議論をしている姿を想像してください。楽しそうではありませんか？　あなたもその輪の中に入りたくなりませんか？

全ての仕事をもっと楽しく、クリエイティブに

毎日同じことを繰り返していると飽きてきます。少しでもよいので、自分で考えて、新

しいことに取り組めば、楽しくなります。つまらない仕事でも、どうすれば少しでも楽しくなるか、工夫をしてみましょう。工夫をするということは、新しいことを考える、試してみるというクリエイティブな営みであり、創造性の発揮です。

何もアーティストや芸術家、デザイナーやコピーライターだけにクリエイティビティーが必要なわけではありません。教育や介護に携わる人であってもクリエイティビティーを発揮すれば仕事は楽しくなります。生産の現場にいる人であっても、現場にある課題を感じて、自分の頭で考えて、工夫して業務改善を行うことはクリエイティビティーです。

ChatGPTは、今はまだプロンプトで細かく指示を出さなければ、うまく働いてくれません。自分自身で課題を見つけて、自分自身で解決策を見つけ、それを実行することは今のところ難しいようです。

人間なら改善策を実施した際に、どのような新たな問題が起こりそうかを想像できます。その際、その問題も解決できる策があるなら実行に移しますが、解決できそうになければ、その策は取りやめるという判断ができるでしょう。その思考プロセス、試行プロセス自体もクリエイティブです。

機械やＡＩにその判断はできるのでしょうか？　判断を誤って暴走し始めたＡＩを誰かが止めることはできるのでしょうか？　私にはその答えはわかりませんが、機械が論理だけで推測して出した答えが、これまでになかったアイデアだとしても、それをクリエイティブと呼んでいいのでしょうか？　機械には楽しいという感情はありません。

人間が五感で感じ、洞察し、自分の頭で考え、これまでになかった解決策やアイデアを発想し、形にし、実行し、誰かに喜んでもらったり、社会の役に立ったりすることで、喜びや楽しさを感じる。この人間にしか味わうことのできない、人間にしか体験することができない一連のプロセスを、「クリエイティビティー」と私は呼びたいと思います。

楽しくなければ人は動かない。クリエイティブこそ楽しい。ＡＩ時代、全ての仕事をもっと楽しく、クリエイティブに。私が大事にしている仕事観です。

みんなで創ればもっと楽しい

クリエイティブな仕事は一人でできるものでしょうか？　孤高の芸術家は自分とだけ

対話を重ね、内省し、自分を究極まで追い詰め、内から湧き上がってくるものを表現します。それが社会から認められようが、そうでなかろうが関係ありません。それこそがクリエイティブだという考え方もあるでしょう。

しかし多くの人々は、他者との関係、社会の中で生きています。社会と技術が複雑になった現在、自分一人の力で、社会課題、地域課題、経営課題、事業課題を解決することは難しくなっています。自分たちが置かれた環境ですら、自分一人の力では正確に把握することはできません。様々な関係者、専門家、性別・年齢・国籍を超えた老若男女、ダイバーシティの観点から、高い視座、広い視野、とがった視点を持ち、情報を集めて知恵を出し合う。現代社会における課題解決は、多様な観点が欠かせません。

クリエイティビティーを前述のように定義するなら、現代社会におけるクリエイティビティーは、1人よりも2人、2人よりも3人、3人よりも大勢で行うほうが、より大きなクリエイティビティーが生まれます。そしてクリエイティブこそが楽しいとするならば、一人で考える、一人で取り組むより、みんなで考える、みんなで取り組むほうが楽しいはずです。三人寄れば文殊の知恵、八百万の神様の議り事。日本人は会議の力で、楽しく、クリエイティブに問題解決に当たってきたのです。

最近は「共創」型のビジネスプロセスやプロジェクトマネジメントに注目が集まっています。一人だけで、自部門だけで、自社だけでアイデア開発や戦略開発をやっても、クリエイティブで革新的な戦略や事業は生まれません。オープンアライアンス、オープンイノベーション、コラボレーションなどが盛んに叫ばれています。様々な関係者からなる会議やプロジェクトをファシリテーションして、情報や知恵を引き出し、それを整理統合して、戦略にまとめ上げ、全ての関係者と目標方針を共有し、一人一人をモチベートし、それぞれの持ち場で実行実施を促す。こんなことは、人間にしかできないのではないでしょうか。

共創とは、協奏です。多くの仲間、関係者と共に力を合わせて、新しい音楽を共に奏でる。こんなに楽しく、クリエイティブな仕事はありません。

交響曲を奏でるように、多彩な個性と専門性を持ったメンバーの知恵と力を引き出して、組織を、プロジェクトを、オーケストレーションするのです。仕事は一人で創るより、みんなで創るほうが楽しい。みんなで創れば、仕事はもっとクリエイティブになるはずです。

第2章

日本の「組織あるある」を考える

ビジネスのコモディティー化

楽しくなければ人は動かない。クリエイティブこそが楽しい。みんなで創ればもっと楽しい。これが私の仕事の考え方ですが、日本の多くの組織の現状はどうでしょうか。

日本企業からは、革新的な事業サービスが生まれにくいという指摘もあります。技術や性能にこだわり、高品質な商品サービスを生み出す点は日本の良いところです。しかし国内市場においては過当競争に陥り、高品質ではあるが類似の商品やサービスがあふれることになります。プロダクト、サービス開発でクリエイティビティーを追求した結果なのかもしれませんが、かえって事業やビジネスの同質化、類似化を促し、市場全体がコモディティー化してしまっているというケースがよく見られます。

都内でタクシーに乗った際に、車内広告の動画が流れます。ビジネスパーソンにターゲティングした結果でしょうが、同じようなサービスの広告が流れます。その多くが業務効率化や業務デジタルトランスフォーメーション（DX）、ビジネスアプリケーションなどのサービスです。もちろん確実にターゲット層にリーチしていますし、成長市場のサービスですから投資対効果は伸びているでしょう。しかし、残念ながらどれも似たような特徴をアピールする、似たようなサービスだと感じてしまいます。

ナレッジのコモディティー化

それらの動画広告をよく見ていると、同じようなパターンで構成されています。①業務の現場での困り事、生産性の悪さの提示。②特徴のある業務改善デジタルアプリ、デジタルツールの導入。③課題解決といった流れです。教科書通り、ある意味、過不足なく、サービスの特徴をアピールしています。

しかし、機能や特徴を訴求するだけで十分でしょうか。この例に限らず、技術信奉、ものづくり信仰が根強い日本は、どうしても〝機能〟の良さをアピールしがちです。マーケットインが大切だ、顧客志向が大切だと耳にタコができるくらい聞いているにもかかわらずです。

①は業務上の困りごと、顧客の悩み、課題、ペインポイントを起点としているため、顧客視点、マーケットインではないかと反論がありそうですが、機能に対するベネフィットを訴求しているだけで、顧客価値や顧客の潜在意識の掘り下げや表現が足りません。だから十分な共感を生まないし、どのサービスも同じように見えてしまうのです。

マーケティングや戦略フレームワークを学ぶと、このような「フレームワークの罠《わな》」に陥りがちです。定型的な型に当てはめていけば、戦略もマーケティングもそれなりの形にはなります。専門家がいなくても、フレームワークを使ってChatGPTに指示を出せば、それなりの戦略や広告が作れるかもしれません。

しかし、それはコモディティー化したナレッジを使っているに過ぎないのです。ナレッジのコモディティー化が、ビジネスのコモディティー化を生みます。類似したマーケティング、類似したビジネスが世の中にあふれることになります。型の活用は業務を効率化しますが、戦略から創造性（戦略クリエイティビティー）を奪います。ナレッジのコモディティー化、戦略のコモディティー化が、ビジネスのコモディティー化も生むのです。

戦略の創造性を阻む「5つのとらわれ」

戦略クリエイティビティーが欠如する要因は他にもあります。ここでは私が感じる「5つのとらわれ」を挙げてみます。

① 技術へのとらわれ

ものづくり大国の日本。技術信奉が強く、職人気質で、高い品質の商品やサービスを提供します。これ自体は非常に良いことです。しかし、技術、素材、成分、構造、性能などは数値で測れます。あるいは、工学的に分解できます。つまり、物理的な形あるいはデジタルな数値として「見える化」しやすいということです。見える化されたものは学びやすい、取り入れやすい、真似《まね》しやすいということになります。つまり、模倣されやすいのです。

デジタルテクノロジーを使ったビジネスモデル、ＡＩを使ったビジネスモデルなども同様です。類似のビジネスモデルがたくさん登場します。デジタルという技術を使ったビジネスは真似しやすいビジネスです。電子部品を組み合わせるだけの電気自動車（EV）も、従来の内燃機関や機械工学で造られた自動車より、簡単に造ることができるようになりました。中国には多くのEVメーカーが出現しました。

② データへのとらわれ

データも同じです。購買データ、行動データなどを用いた様々な予測モデル。消費者の志向や行動を予測した需要予測やリコメンド。AIを活用した推計モデル。一人一人に合わせたと言いながら、最大公約数的な提案が行われます。ビッグデータによって人々の行動や趣味嗜好まで見える化されます。

データに基づいた商品やサービスの開発を推進すれば、各社から同じような商品やサービスが生まれることになります。またデータマーケティングの結果、SNSをはじめとしたデジタルメディアから、毎日同じような商品が提案推奨されます。マーケティング自体がコモディティー化、同質化しているのが今日の状況です。

③ カテゴリーへのとらわれ

ビジネスを考える上で、どうしてもその業界や市場における慣習や常識にとらわれがちです。既存カテゴリー内の常識は、自分たちで見通すことができます。予想可能は安心感につながります。しかし、そこにとらわれていては、イノベーションは生まれません。すでにその市場はレッドオーシャンかもしれません。既存の市場、既存のカテゴリーのフレームから飛び出して、自ら新しいフレームを設定することが大切です。

④ 組織へのとらわれ

会社経営において、数十人規模までなら経営者の想い、ビジョン、戦略、価値観などは簡単に全社員に共有できます。しかし、会社や組織の規模が大きくなれば、機能や専門性が分化していきます。組織が生まれ、管理職が生まれ、階層構造が複雑になるにつれ、経営者の想いは現場まで届きにくくなります。

また、新しく生まれた組織はその組織を守ろうとする力学が働きます。縦割り、サイロ化、セクショナリズムです。横連携がうまくいかず、各部門がそれぞれ個別最適、部分最適の施策、活動を始めるようになります。いずれの施策も部分的な改善にとどまり、大胆な戦略に基づいたイノベーションは起こりにくくなります。

⑤自社へのとらわれ

技術力に自信がある日本企業は、どうしても自社の技術にこだわりがちです。技術の囲い込み、人材の囲い込みという力学が働くのは仕方ありません。最近はようやくオープンイノベーションや、アライアンス、ベンチャーインキュベーションなどの取り組みも活発化してきました。しかし、現場では相変わらず、自社の中だけで解決しようとする癖がなかなか抜けません。

自分たちだけで考えていると視野が狭くなり、自分たちの問題点や可能性を客観的に評価できなくなります。

こうした「とらわれ」によって、既存の枠組みや慣習、数字といった「目に見えるもの」ばかり重視してしまい、人間が持っている感情、深層心理、潜在願望といった「見えないものを見る力」が衰えているのが、現在の日本の組織の現状ではないでしょうか。それが戦略クリエイティビティーの欠如を引き起こしています。

現代日本の組織の在り方や課題解決アプローチは、多様な視座・視野・視点、多様な専門性、個性をもつ八百万の神の知恵を集めて、創造的な戦略を生み出した、古代から続く日本のそれとはだいぶかけ離れたものになっているようです。複雑な時代だからこそ、これらのとらわれを解き放ち、多彩な専門性と個性を持つタレントたちを内外から集め、オーケストレーションすることで、創造的な戦略を奏でる必要があります。

部分最適に終わりがちな施策

経営者をはじめとしたビジネスリーダーから、次のような声を聞くことがあります。

「様々な専門家の力を借りながら、それぞれ必要な施策を打ってきた。戦略コンサルタントにも提案してもらい、人事制度も変えた、広告も変えた、営業顧問も雇った。ところが、思うように成果が出ない。事業が成長しない……」

確かにそれぞれ時流に乗った適切な打ち手を講じているようです。しかし、全体を貫く何かが足りません。その企業らしさや、その企業ならではの、哲学、思想、方針、価値観などです。それらをまとめて「戦略性」と称しましょう。

施策が部分最適、個別最適で終わっているのです。各部門や部署に横の連携が足りません。セクショナリズムでたこつぼ化しています。現場で働く人たちも、目標共有や戦略共有がないまま、与えられた作業をこなしています。これでは、せっかくの個々の打ち手も、十分な効果を発揮することは難しいでしょう。全体を統合して有機的に連携する戦略が必要です。

また、戦略は実行されないと意味がありません。施策を実行するのは、それぞれの現場の社員です。

自分事化しない上から与えられた戦略

あなたの会社は、戦略づくりを外部のコンサルタントに丸投げしていませんか？　あるいはカリスマ社長が一人で戦略を決めて、社員に十分な説明をしないまま走っていませんか？　あるいは、経営企画、戦略企画部門が決めた戦略を方針発表会で伝えて終わっていませんか？

外から与えられた戦略、上から与えられた戦略では、現場の社員には浸透しません。上意下達の単なるお達しです。自分の言葉、自分たちの言葉で考えた戦略でなければ自分事化しないのです。自分事化しなければ戦略は絵に描いた餅。実行に移されることはありません。仮に形だけ実行されても、魂の入らない活動で大きな効果は見込めないでしょう。施策を実行しているのは、感情を持つ人間だからです（感情を排して働いてもらうためには、完全ロボット化、オートメーション化するしかありません）。

私も独立起業する前は、広告会社の戦略プランナー、戦略ディレクターとして、外部から得意先企業に数々の戦略提案を行い、「素晴らしい戦略だ」と喜ばれていました。ヒット商品や事業創造につながった事例も多々あります。

しかし、それがどれだけ得意先企業のみなさんに自分事化してもらい、血肉化したかは、今となっては自信がありません。営業や生産の現場のみなさんまで私の想いや声が届いたとは思えませんし、戦略部門や企画部門の担当者が変わってしまえば、想いも戦略も霧消してしまいます。

そうした考えもあり、私は外から与える戦略ではなく、それぞれの企業や組織が、自ら内に秘める力、経営力を引き出し、顕在化させるための支援を行っています。また、経営企画、戦略企画などの一部門だけと向き合うのではなく、その企業が立ち上げる各種プロジェクトに入っていき、その企業の様々な部門からなる、多彩な専門性や個性を持ったメンバーの想いや情報や知恵を引き出し、「みんなで戦略を創る」お手伝いをしています。一般的には「経営力再構築伴走支援」といわれるアプローチです。

ただ私は「伴走」という言葉では、まだ言い足りていないと感じています。伴走支援というと、経営者など個人に伴走して、指導して導いてあげるというニュアンスがあるような気がします。私は多才で多彩なメンバーの力を合わせて、創造的なハーモニーを奏でることがこれからの日本には重要だと考えています。共創であり協奏です。経営力再構築共創（協奏）支援です。

やり玉に挙げられる日本の会議

前述の通り、日本の会議は生産性を落とす無駄なタスクの代表として散々やり玉に挙げられます。みんなで集まって会議をして、相互触発することで創造的な発想、創造的な戦略が生まれる。なかなかそんな会議に出合うことはまれですが、このような会議を私は「創発会議」と称しています。

私が会議を進行すれば、参加メンバー一人一人の社員のやる気、魂に火がともる、などと言ってもなかなか信じてもらえません。ただ、私が楽しそうに自分の仕事について話し、熱量を持って創発会議の効用を説明すれば、「なんかこの人楽しそうに仕事しているな。そこまで言うなら、一度試してみようか」となることがほとんどです。

この創発会議をクライアントに初めてご提案する場が、実は最初の創発の場なのです。得意先企業が持つ課題を引き出し、どのような創発会議を設計すればよいか、クライアント企業と私の相互触発が最初に生まれる場です。そのプロジェクトで最大の効果を上げるためのオリジナルで創造的な会議を、相互触発で創発する場です。

「ほら、今やっているこれ自体が創発会議なんですよ」と言えば、説得力も上がります。こちらが楽しそうに熱く仕事している姿を見て、創発会議を疑似体験し、会議を通じて相手をワクワクさせ、期待感を高め、やってみようかという気にさせることができます。しかし、多くの会議ではそんなことは起きないのが現状でしょう。

会議の効率化を推し進めている企業に、ビデオ会議システムの米Zoom（ズーム）があります。Zoomを使った会議は、今や多くのビジネスパーソンが経験したことがあるでしょう。ところがコロナ禍が落ち着いてきた２０２３年8月、Zoomのニュースに多くの人が驚きました。完全オンラインに移行した同社が、週2日以上の出社を義務付けるというのです。リモートワーク、リモート会議では、従業員間の信頼関係が築けないというのです。創造的なアイデアが生まれない、コミュニケーションが円滑にいかない、チームビルディングできず、組織力が高まらないということでしょう。

同様の発表は多くの企業で続いています。米メタのマーク・ザッカーバーグ最高経営責任者（CEO）は、週3日の出社を義務付けました。米Amazon.com（アマゾン・ドット・コム）でも同様の方針を打ち出しましたが、反対する従業員が抗議のためにストライキを起こしたそうです。

リアルで会って、顔を見て、感情を交し合って話す大切さが、コロナ禍を経て再認識されています。2人以上で会って話す、議り事をするのが会議です。会議の重要性が再認識された象徴的な出来事だと思います。

第3章
会議の参加者がかけられた魔法

この章では、創発会議って何なのか、何が起こるのかについて、できるだけ〝生々しく〟解説していきます。まずは話を理解しやすくするため、「ハッピーコスメ」という架空の企業の物語として再構成してみました。実話がベースとなっていますが、フィクションとして読んでいただければ幸いです。

◆　◆　◆

まずはお手並み拝見、契約はそれから

ハッピーコスメは１９３０年に創業した、洗顔料や化粧水、シャンプーリンス、制汗剤などを扱う化粧品メーカーである。従業員数は約８００人、売上高約５００億円の中堅企業だ。創業者から4代目となる現社長は先代の娘。他の大手化粧品会社で課長職まで務め、10年前に中途入社し、経営企画室長を経て一昨年社長に就任した。

社長就任に当たって課題として抱いていたのは、マーケティング力と戦略企画力の強化、および新規事業の創出だ。これまでは高い技術力、製品へのこだわり、徹底した品質管理で、春と秋の年2回、新商品を複数出すことで流通に対する商談を盛り上げ、自社の棚を確保してきた。新商品は消費者の想起を促すため広告も展開し、生き残った商品を育てていくという手法で成長してきた。

しかし、ここにきてそのビジネスモデルに限界を感じている。新商品を出しても流通側の採用率が低下しているのだ。とにかく春と秋の商談に合わせて新商品を投入することが目的化してしまっており、広告効果も10年前に比べて下がっている。開発にかける時間と労力、広告販促費のコストを鑑みると収益率は一向に改善しない。流通側の交渉力が強いため、顧客に直接販売できるECを始めてみたものの、思うような成果が出ない。

そこで、マーケティングや新規事業立ち上げにたけた人材を集めようと、中途採用、外部顧問や外部コンサルタントの起用といった方法に打って出た。だが昨今、優秀な人材の獲得はそれほど簡単にはいかない。

そんな中、知人を介して外部アドバイザーとして私に声がかかった。

私が初めて訪問した時、社長ともう一人、社長の年齢を上回る重鎮の風格をたたえた男性が同席していた。80歳前後であろうか、常務のお立場だった。話を聞くと先代社長の時代に、外部コンサルタントとして同社を支援し、事業成長を陰で支えてきたという。先代社長と1対1の深い信頼関係を築いていたのだろう。まさに社長の意思決定をサポートする戦略参謀であり懐刀だ。4代目への事業承継に当たって、役員として招かれたという。

その常務が私を試すかのように課題を投げかけてきた。

「伊賀さん、コンサルタントなら、まず当社の状況を見立てて、課題を洗い出してください。契約はそれからです」

コンサルタントとしてのお手並み拝見ということか。私は次のように答えた。

「私も、これまで、いろいろな企業様に事業戦略、マーケティング戦略のご提案をしてきました。しかし、気付いたことがあるのです。外部のコンサルタントが課題を指摘し、解決策を提案しても、必ずしもその通りに実行されているとは限りません。もちろん、様々なベンダーやソリューションの提供会社が、その後の実行支援を行います。しかし、発注者である社内の担当者、つまり社員のお一人お一人が、その戦略を自分事として理解し、血肉化していなければ、施策や活動の隅々まで血が通った、実効力のあるプランになりません」

ここからが肝心な話だ。私はさらにこう続けた。

「外部のコンサルタントに外から与えられた戦略や、あるいは社長や経営企画室が上から与えた戦略では、なかなか現場の社員にまで戦略が自分事化することは難しいのではないでしょうか。自分の言葉、自分たちの言葉で考えた戦略でなければ自分事化しない。自分事化しなければ誰も動かない」

「外部の経営コンサルタントから分厚い戦略書をもらっても、シュレッダーにかけられるだけです。そんな場面を数多く見てきました。だから社員のみなさん自身に課題を考えていただきたいのです。自分の頭で、自分の言葉で考え、みなさん自身でアイデアを出し合う。それを基に戦略に組み立てる。私はそのディスカッションのナビゲートを行います。戦略立案のガイド役をします。だから『戦略ファシリテーター』なんです。自分自身、数多くの戦略立案の経験があるからこそ、できる仕事だと思っています」

「私、（会議で）失敗したことがありませんから」

少し力を込めて発した「戦略ファシリテーター」という言葉に常務が反応し、切り返してきた。

「ファシリテーター？　会議の進行役か？　会議なんかやったって、うちの社員は誰も発言しないよ。うちの社員はおとなしいんだ。みんな真面目でいい子たちだけどね」

待ってましたとばかりに、私はこれから何が起ころうとしているのか、できるだけかみくだいて常務に説明した。このタイミングを逃すまいと。

「大丈夫です。私失敗したことがありませんから。どんな会議でも盛り上げてきました。いつもの会議を創発の場に変えます。誰もが話したくなるような場づくりをするので、どんどん発言が出てきます」

「単に会議を盛り上げるだけではありません。良い戦略とは何か、どうすれば自分たちらしいオリジナリティーのある戦略が組み立てられるか、その立案の方法論が私の頭の中に入っています。それにのっとってディスカッションを進行します。話をしているだけで、どんどん戦略が見える化、ストーリー化されていきます」

「広告会社出身ですから、戦略を、いろんな関係者の心を動かす言葉に変えます。消費者はもちろんですが、社内や営業先の流通担当者とか、場合によっては株主とか投資家とか金融機関とか、みんな一人の人間ですから。言葉の力が心を動かすんです」

「私がファシリテーションしたら、社員のみなさんが元気になるんです。自分たちの言葉で、戦略がどんどん見える化、物語化されていくから、モチベーションが上がります。自分たちの言葉でつくった戦略だから自分事化しますよ。明日から現場に戻って何をすればいいか、一人一人はっきりしてきます」

「研修、人材育成効果もあります。戦略ってこういうふうに発想すればいいんだと、戦略発想、マーケティング発想のプロセスが身に付きます」

「これまで、みなさん社長や常務の指示待ちだったということはありませんか？　各部門や部署に、社長や常務が個別に指示を出す。そうすると施策や活動が部分最適になってしまうんです。全体戦略が見えないまま、言われたことだけをやっているからか、全体の歯車がいま一つかみ合っていないないと感じることはありませんか？　だからと言って、全体統合するって難しいですよね。組織が大きくなるとセクショナリズムもあります。しかし、私が会議を進行すれば、部門・部署の活動に横串が通って、より大きな効果が見えてきますよ」

「一粒で、二度も、三度も、四度もおいしさが味わえる、自分でいうのも恥ずかしいですが、会議で〝魔法〟をかけるんです（笑）。私の進め方がどの企業にも合うわけではないでしょうし、もしこのやり方が合わないということでしたら、採用していただかなくても結構です。ご検討いただければ幸いです」

まだ常務は納得のいかない顔をしていたが、このやり取りを横で黙って聞いていた社長が口を開いた。

「伊賀さんの思うようにやってください。うちのメンバーは真面目で素直な者ばかりなんです。伊賀さんから、ぜひ刺激を与えてやってほしい。社員の成長が楽しみです」

こうして、月1回2時間の創発会議が始まった。テーマはすでに立ち上げているEC新規事業をどう立て直すか。今回の依頼は研修的な意味合いも強く、月1回のペースで創発会議を行い、年間を通じて行っていくことで、じっくりと戦略発想、マーケティング発想を体得していくプログラムとなった。

しかし、研修といってもテーマは実際に展開している実事業。自分事化しないわけがない。現状分析フェーズ、要因分析フェーズ、戦略立案フェーズが終われば、施策設計実施フェーズへと入る。研修の名を借りているが、これは実践だ。ファシリテーターである私は継続的に伴走支援、いや協奏（共創）支援を行うことになった――。

会議の参加者はどう思ったのか

どうでしょう？　面白く読んでいただけましたでしょうか。実際どのように創発会議のプログラムを設計し、どのようにファシリテーションしていくのかは、後の章でそのメソッドを紹介しますが、この章では創発会議を通じて起こったことや変化について、ハッピーコスメ社を含め、様々な企業で体験した人の生の声を通じて紹介します。

●会議が盛り上がる

「普段は会議といってもほとんど発言しないけど、今日は思わず話したくなりました。堅苦しくなく、自由な雰囲気で、何を発言しても大丈夫と感じました」（化粧品会社・担当）

「仲のいい友達とカフェでお茶したり、居酒屋でお酒を飲んだりしているような感じで話ができました。何を言っても聞いてもらえて、書き留めてもらえて、話すことが楽しくなりました」（医療法人・担当）

「普段の会議と全く違いますね。こんな会議なら毎日やってもいい。来月と言わず、明日もやりたいです（笑）」（食品会社・担当）

「うちの社員はおとなしいと思っていたのに、会議がこんなに盛り上がるなんて正直驚い

ています」（食品会社・役員）

●想いや知恵が見える化される

「ノセられて、思いついたこと話しているだけなのに、気が付くと論点が整理されていて不思議な体験です」（ＩＴ会社・担当）

「また新たに書き始めるんだと思ったら、話しているうちに、みるみるチャートや図表が出来上がってくる。マジックを見ているようです」（通信会社・マネジャー）

「みんながどんどん発言して、ホワイトボードがどんどん埋まっていく。会議が終わるころには、戦略がビジュアライゼーションされていて壮観です」（介護ビジネス・マネジャー）

●相互触発で創造的な発想が生まれる

「普段は話さないような、いろいろな部門の人と話せて刺激を受けました。自分だけでは

気付けない新しい気付きが生まれました」（金属加工会社・担当）

「自分の部署だけで考えても思いつかないようなアイデアや方針が、みんなで話すことで生まれました。部門や職種の垣根を越えて話すことが大切だと感じました」（エネルギー会社・担当）

「住民と行政マンが一緒にアイデアを考える。これまで気付かなかった生きたアイデアが見えてきました。この会議を他の自治体にも広げるべきだと思います」（県庁・部長職）

●新しい気付きが生まれる

「ファシリテーターの、これってどういうことですか？これって面白くないですか？という投げかけにハッとさせられました。普段は気にしないことを、深く掘り下げて考えることができて、新たな視点が生まれました」（医療ビジネス・マネジャー）

「自分たちでは当たり前だと思っていることでも、第三者から見ることで自分たちの独自性やユニークネスに気付かされました。自分たちを客観的に見ることはなかなか難しいですよね。自分たちのことは、なかなか自分たちではわからないものだと思いました」（化粧品会社・マネジャー）

「モヤモヤした想い、不安や迷いも、言語化することができて霧が晴れたよう。すっきりしました」（人材コンサル会社・社長）

●心が動くコンセプトが生まれる

「自分たちで話してきたことが、一つの言葉に集約されていく。ファシリテーターから戻された言葉、コンセプトコピーやステイトメントがみんな腑《ふ》に落ちたようでした」（建設機械・役員）

「今まで気付いていなかったことを、ズバッと言語化されて衝撃。生活者視点というのはそういうことか。これまでも消費者起点が大事と言ってきたけれど、今までやっぱり企業視点だったんだと感じました」（食品会社・社長）

「いろいろあちらこちら、とりとめなく話していたことが、一つのわかりやすいシンプルなストーリーになりました。これなら周囲のメンバーや、社外の関係者にもわかりやすく話すことができます」（調査会社・社長）

●明日から何をすべきかが明らかになる

「戦略がストーリー化されるってワクワクする。これからやりたいこと、やるべきことがいろいろ浮かんできて、早く手を打ちたくなりました」（食品会社・社長）

「これまで目の前のことをこなすだけだったが、会社が進もうとしている目標や戦略がわかりました。自分が明日から何をすべきなのかはっきりしました」（金属加工会社・担当）

「市場や消費者、競合のことを自らの目で調べるようになりました。いろんな店を回ったり、検索したり、広い視野と生活者視点でウオッチする癖がついてきました」（食品会社・担当）

●横連携が生まれ組織が明るくなる

「おとなしかった担当者が、よく話をしに来るようになりました。部門を越えて、社内でメンバーが、立ち話をする姿が増えています。創発会議以降、社内が明るくなりました」（翻訳会社・マネジャー）

「社内で〝伊賀流〟会議がはやっています。ホワイトボードを使って見様見真似《みようみまね》で誰かが書いている。会議が活性化してきて、社内の雰囲気が明るくなっています」（食品会社社長・マネジャー）

「今まで、経営会議、部長会以外、横で行う会議はなかったが、課長クラスで横連携をつくるための会議を立ち上げることにしました。この創発会議の参加者にファシリテーションを任せたいと思っています」（食品会社・社長）

●自信が出て、活動がうまくいく

「商談に自信が持てました。創発会議を通じて、自分も社員も大きく成長したと感じています」（通信放送会社・マネジャー）

「社員の目の輝きが違ってきました。商談がうまくいき、うまく売れるようになってきました」（衛生機器・社長）

組織の力を120％、150％に高める

このように、創発会議を通じて「組織がゾーンに入る」ことは多々あります。創発会議では、発言することが楽しくなります。一人の発言が、周りのメンバーを触発します。ファ

シリテーターのボードライティングが、メンバーを高みへといざないます。

各メンバーの集中力が高まることで、チームの創造力が高まります。多才で多彩なメンバーの知恵が集まることで、一人だけでは気付けないアイデアが生まれます。みんなで創った戦略だから、みんなで共創、創発をしているから、目標、方針、価値観が共有されています。自分たちの言葉で創った戦略だから誰もが自分事化します。明日から自分が何をすべきか明らかになります。モチベーションが高まり、主体的自律的な行動が生まれます。

縦割りの組織にコミュニケーションが生まれます。横連携が生まれ、それまで個別最適だった施策に、一本の幹、背骨、筋が通ります。有機的につながり、全体統合された施策が効果を発揮し始めます。一人一人に火が付いた魂のこもった活動が、組織を動かし始めます。創発会議は、おとなしかった社員や、セクショナリズム、縦割りサイロ化などで非活性状態にある組織に、〝魔法〟をかけてしまうのです。

組織の力を120%、150%に高める、魔法。それが創発会議です。

筆者が戦略創発ファシリテーションを行う様子

上記のプロセスを目の当たりにしたある人が、私にこんな〝称号〟を与えてくれました。

「日本一の会議盛り上げ男」

私自身は気恥ずかしいのですが、ありがたくこの称号を頂戴いたします。

次章以降の本編（序の編、破の編、急の編）では、なぜ創発会議を通じて組織はゾーンに入るのか、「日本一の会議盛り上げ男」と呼ばれた理由、魔法の裏にある秘密をひもといていきたいと思います。

序の編

共創（協奏）のデザイン

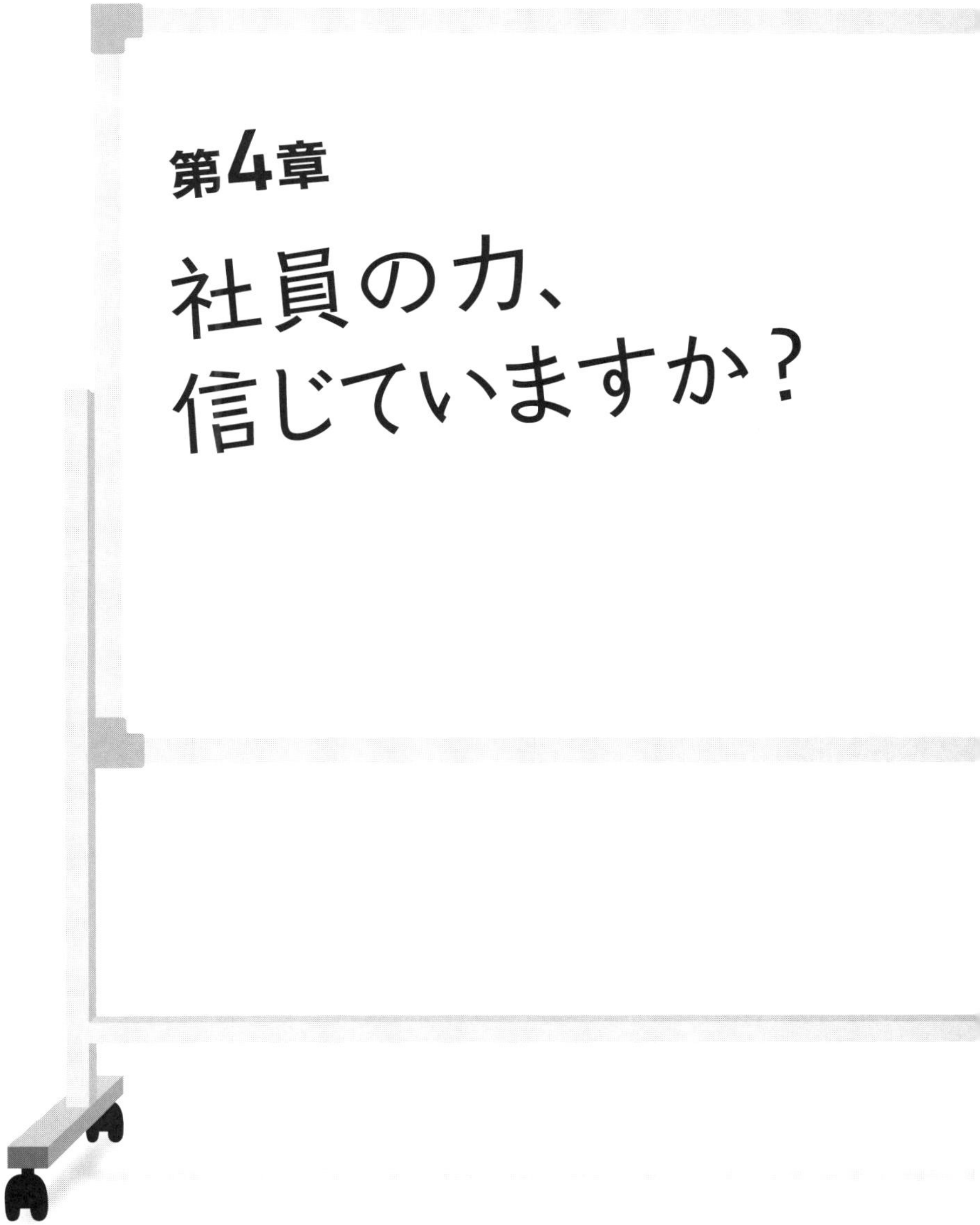

第4章
社員の力、信じていますか？

なぜ外部コンサルタントは機能しないのか？

すでに上から与えられた戦略が自分事化しないことについては述べました。外部のコンサルタントから与えられた戦略についても同様です。上からだろうが、外からだろうが、人から与えられた言葉では自分事化しません。自分の言葉で考えた戦略でなければ自分事化しない。自分事化しなければ、メンバー一人一人の現場での活動に魂が入らない。主体的な横連携も生まれない。戦略は各施策が統合されて最大効果を発揮するものなので、横連携がない部分最適の施策では十分な効果を発揮しません。

多くのコンサルタントのアプローチにおける問題点は、社員や組織メンバーが持つ力、内に秘める力、知恵を信じられていないことにあります。あるいは、それを十分に引き出せていないことにあります。一方の経営者も社員の力を信じることができず、社員から問題解決の戦略やアイデアが生まれることは難しいと考えているから、外部のコンサルタントに相談するのです。

外部のコンサルタントは「社員に任せられないから、自分たちに依頼してきているのだ。自分たちなら問題解決策を提案できる」という上から目線になりがちです。中には、キーマンヒアリングやワークショップを取り入れるコンサルタントもいます。しかし、それらの目的は現状把握や情報収集であることが多く、その場で戦略を共創する、創発するという目的、姿勢ではないように思います。

では、戦略コンサルタントが提案してくる戦略に、どこまでオリジナリティーや創造性があるでしょうか？　彼らはリサーチに多くの時間とコストをかけます。そして収集した情報をフレームやフォーマットに当てはめて整理していき、答えを出していきます。関係者のコンセンサスを図り、共通理解を得るために、汎用的なフレームワークを活用することはよくあります。そして、その後の解決策は、各コンサルタント会社が（さらに大きな金額を回収できる）得意な領域（例えば人事制度改定や業務効率化システム開発、データマネジメント、ＤＸ推進など）へと落とし込んでいきます。

しかし、そこには「社員」が不在であることが多いのではないでしょうか。言うまでもなく、システムを変えるより社員（人間）を変えるほうが困難です。社員たちが持つ想いや知恵を引き出し、創造力を高め、モチベーションを高め、総体として自律型組織に変える。この難しいプロセスに手を付けず、制度や、システムや、デジタルツールを導入することで解決を図ろうとする。それでは本質的な経営課題の解決にはつながりません。

人的資本経営のすすめ

「人的資本経営」が注目を浴びています。人材を戦略的に投資していく「資本」と考え、企業価値を高める経営手法です。経営環境は複雑性を増し、社会と企業を持続させるためにこれまで以上に大きな価値創造（イノベーション）が必要となっています。

ただその一方で、コロナ禍を経て人々の働き方が大きく変わり、少子高齢化で人手不足に歯止めがかからず、まさに人材確保が大きな経営課題となっています。確保すると言っても、そもそも「材」が足りません。今いる「人財」に投資し、育て、リターンをもたらすよう人材戦略を変えなければなりません。

従来の人事の考え方では、社員を「資源」（あるいは資材）と考え、効率的に管理オペレーションしていく対象と捉えます。社員はコストです。経営戦略と人事管理は連携せず、大企業の場合は、何千人何万人という「資材」を、効率性を重視して人材配置をしていきます。企業研修では、階層別研修や選択性のオンラインコンテンツによる、一律で汎用的、効率的な研修プログラムが展開されます。また、優秀な社員は自分の部下として囲い込み、そうでなければ事業オペレーションのための「材」、いわゆる歯車として動かすという考え方も多いように思われます。

中小企業の場合はどうでしょう。社長や幹部が一人一人の社員に目配りして、成長を考えた適切な業務付与、役割付与を行っている場合もあるでしょうが、社員たちの成長を考えた研修や育成プランを用意する余裕のある企業は、それほど多くはないでしょう。

経済産業省は２０２０年に「持続的な企業価値の向上と人的資本に関する研究会報告書～人材版伊藤レポート～」（研究会座長：伊藤邦雄・一橋大学名誉教授）を発表しました。その中で「人的資本・価値創造」「人材戦略」「経営陣（５C）／取締役会」「積極対話」「個の自律・活性化」「選び、選ばれる関係」という6つの「変革の方向性」が示されています。詳しくはこの報告書を見ていただきたいのですが、私なりにこの6つを整理すると、①人材戦略は経営戦略の中核であり連携すべきもの、②人事や人材育成は人事部任せにするのではなく、経営陣がイニシアチブを持つべきだ、③企業と社員の関係性は、内向きの相互依存や囲い込み型ではなく、対話によって自律活性をもたらし、選び選ばれる対等な関係に変わるべきだ、という3つの論点に整理できます。

ここでのポイントは「社員の主体性の尊重」です。それには、社員一人一人の個性や得意領域（専門性）を尊重しながら、それを高めるための成長機会を用意することが大切です。主体性を尊重した成長機会の提供には3つの観点での場づくりが必要です。①自ら戦略を考え、意思決定していく実践の場づくり、②多様な人材がや対話を通じて、刺激し合い高め合う場づくり、③各メンバーの主体性や、取り組む意欲を高める場づくり。こら3つがそろって初めて、価値創造をもたらす自律型組織への変革が近づきます。

私は組織の自己変革力、すなわち経営力を高めるためには、次項の「経営力再構築伴奏支援ガイドライン」で挙げられている、経営者の経営課題に対する洞察力やリーダーシップを高めるということだけでは不十分だと考えます。上から戦略を与えるカリスマ型リーダーシップでのマネジメントを目指すのであれば、それでよいでしょう。しかし多くの組織は、また組織の規模が大きくなればなるほど、カリスマ型リーダーシップでの統治は難しくなります。自律型組織やティール組織が多くの組織にとって理想形だと考えた場合、従業員の主体性や知恵と力を最大限に引き出し、組織全体でその総和以上の力を引き出すことが重要です。それが私の考える自己変革力＝経営力です。

共創（協奏）支援とは

中小企業の経営者を対象として、２０２３年に中小企業庁が「経営力再構築伴走支援ガイドライン」を作成しました。これは、外部からの支援の在り方をガイドライン化したものです。内容を要約すると以下の通りです。

「従来の、支援者が解決策を提案する経営支援（従来型のコンサルティング）では限界がある。経営者自らが自社の経営課題を見極め、自社を変革させる自己変革力を高めるために伴走型支援（プロセス・コンサルテーション）が重要である」

多少物足りない部分もありますが、このガイドラインでは「クライアント（組織や経営者）が自らの問題を理解し、解決策を見出すことを支援すること。コンサルタントは解決策を提供するのではなく、クライアントが自分たちの状況を理解し、自分たちで解決策を見つけられるように支援すること」を〝伴走〟支援と言っています。さらに経営力再構築支援のためには、経営者に対する傾聴と対話による伴走支援の重要性を指摘しています。

もちろんその通りですが、メンバーのやる気を引き出すためには、メンバー間、社員間での傾聴と対話を促すことがより重要です。支援者と経営者、支援者とメンバーとの傾聴対話に加えて、メンバー同士、社員同士、あるいは社内に限らず、社員と顧客をはじめとするあらゆる関係者との対話も必要です。たとえば、地域マネジメント、シティーマネジメントにおいて、最近では交流人口、関係人口の重要性が叫ばれています。企業においても様々な関係者との対話、交流が、経営力を高めることにつながります。

それがまさしく「共創」スタイルです。組織や立場、役割を超えて、様々な才能、専門性、個性を持った老若男女が集い、情報と知恵を出し合い、相互作用により高次元で統合された解決策を見いだす。つまり、真の経営力再構築に必要な支援は、経営者、あるいは経営企画部門に対する伴走支援ではなく、組織全体、チーム全体、各メンバーに対する共創支援＝協奏支援なのではないでしょうか。

その場合、必要な支援者は、解決策提案型のコンサルタントや、経営者の懐刀、戦略参謀型アドバイザーではありません。支援者に求められるのは、様々な関係者の個性や才能を尊重し、知恵を引き出し、刺激触発し、気付きを与え、整理統合し、創造的な戦略や解決策へ導くコンダクターとしての能力です。全人格をかけてメンバーに向き合い、多才で多彩なメンバーをオーケストレーションする「戦略マエストロ」としての役割です。

求められる「戦略マエストロ」の存在

カリスマ型リーダーが、組織メンバーを機械的に動くコマンダーと見なして、上から圧をかけるマネジメントから、ファシリテーター型／フォロワー型リーダーが、組織メンバーの自律を促し、愛を持って見守る共創型／協奏型マネジメントへ。時代が求めるリーダーシップと組織マネジメントの在り方が変わってきています。その際、リーダー自身が「戦略マエストロ」であることが理想です。

しかし、現在は過渡期です。組織内に戦略マエストロと呼べるような人材はなかなか見当たらないでしょう。ビジネススタイルやマネジメントスタイルが揺れ動いている中、まだ多くの企業で変革に対する戸惑いや迷いがあるに違いありません。それでも変わらなければならない、経営力を再構築しなければならないと考えている経営者、マネジャー、ビジネスリーダーは、協奏型（共創型）で支援してくれる戦略マエストロを招き、そのスタイルや方法論を学び、盗むことを視野に入れておいてもいいでしょう。

「戦略マエストロ」という言葉自体は、価値を魅力的に表現するために私が考えた言葉です。それをより一般的に言い表した言葉が「戦略ファシリテーター」です。もう少し正確に表現すると「戦略創発ファシリテーター」でしょう。組織内において、戦略の創発をガイドするファシリテーターという意味です。

「マエストロ」には「巨匠」「匠」というニュアンスがあります。戦略創発をガイドするためには戦略立案の「匠」である必要はありますが、ハードルが高い印象もあるかもしれません。そこで以降は、その役割、機能だけを言い当てている「戦略ファシリテーター」またはは「戦略創発ファシリテーター」という言葉を使うことにします。

第5章

共創(協奏)をデザインする

共創を促す会議

共創（協奏）を生み出す機会、その場が「会議」です。様々な組織メンバーや関係者が集まって、知恵を出し合って話し合いをする対話の場が「会議」だからです。

「戦略創発会議」は、チームスポーツや音楽、芝居で言えば、「全体ミーティング」や「全体練習」と言えるでしょう。紅白試合や練習試合、舞台稽古を含みます。フィールドやステージでアイデアを出し合い、全体戦略やフォーメーションを確認し、共創していきます。

一方、日常の職場単位、現場単位の小さなミーティングも会議ですが、それはパート練習のような位置付けでしょうか。パート練習で各組織の役割を確認し、現場の動きを確認し、現場課題を把握して、部門横断の大きな戦略共創会議に臨む。「創発会議」はそのような場です。

「創発」とは、組織、立場、役割、機能を超えて、多才で多彩な専門性と個性を持ったメンバーが集まり、相互触発によって創造的な発想、戦略を生むこと。「創発会議」とは創発を生む会議のことを称しています。何もアイデアがない状態から、情報を集め、市場環境や企業の現状を把握し、組織を、事業を、ビジネスを動かす、オリジナルで創造的な基本戦略、アイデアへと導く会議です。

0（ゼロ）から、1を生むのがイノベーションとよく言いますが、本当に全く「無」からアイデアが生まれるでしょうか。誰かの想い、誰かの知識や技術、能力、つまり資源や手段が存在し、それが膨らんでいくことで1（アイデア）が生まれるのです。創発会議は、個々の参加者の中にある、想い、情報、知識、能力などを引き出すことで、組織としてのアイデアに導く会議です。

「会議のファシリテーター」というと、「ああ、会議の司会進行役のことね。研修や合宿でワークショップとかよくやります、ニックネームで呼びましょうとか、拍手をしましょうとか話しやすい場づくり大事ですよね」などと言われます。確かに「心理的安全性を担保した話しやすい場づくり」は、共創（協奏）をデザインするための第一要件です。その場づくりさえすれば、後は自動的に会議を通じて、創造的な戦略が生まれ、メンバーのモチベーションが高まり、施策展開に戦略統合が生まれるというのが理想です。しかし、そう簡単にうまくはいきません。

共創から生まれる戦略クリエイティビティー

企業の中には、「うちの会社は風通しがいいよ。上下問わずみんな〝さん〟付けだし、ワイガヤ文化があって、ワイワイガヤガヤ言いたいことを言い合う文化があるよ」という会社もあるでしょう。ワイガヤは、日本を代表する自動車メーカーのホンダの組織カルチャーとして有名です。しかし、いつもワイガヤワイガヤやっているだけでは、とりとめもなく話題が拡散してしまい、整理されない、まとまらない、統合されないということにもなりかねません。

創造的な戦略とは何か？　どうすれば創造的な戦略が組み上がるのか？　その戦略立案の方法がわかっていなければ、戦略を組み上げることはできません。各種の戦略フレームワークはその道具であり、戦略立案の一助になります。

また、創造的な戦略立案によって、世の中を、市場を、事業を、商品の売り上げを動かした実際の経験も問われます。現場や実践から学ぶこと、検証し、学習した経験は説得力を増します。メンバーや関係者から、単なる「会議のファシリテーター」ではなく、「戦略創発ファシリテーター」として認められるためには、戦略展開で業績を上げた、事業成長につなげたなどの実績も必要です。

そもそも、複雑な現代社会においては、情報を取捨選択し、世の中を、市場を、事業を、商品を、関わる人々の心を、あらゆる物事を動かす本質を洞察することが必要です。その上で、情報を整理して新しいストーリーを組み上げる力、編集力、企画力、コンセプト力、構想力、ストーリーテリング力といったものが身に付いていなければ、創造的な戦略にたどり着くのは困難でしょう。

つまり、（1）戦略フレームワークなど学習で身に付く戦略立案の方法論、（2）創造した戦略展開と、戦略に基づいた施策展開や組織活動で社会や市場を動かした、業績を上げた経験、（3）戦略立案を繰り返し、経験的に身に付く戦略クリエイティビティーのセンス（その多くが、形式知化されていない暗黙知）の3つがそろっていなければ、創造的戦略とは何か？　どうすれば創造的戦略を組み立てられるのか？　そこに導けるのか？　はわからないと思います。「戦略創発ファシリテーター」には上記3要件を備えることが必要です。

特に会議を通じて、その場で、即興で、瞬発力を発揮して「創造的な戦略」に導くためには、（3）の「戦略クリエイティビティーのセンス」が欠かせません。本書では、私が経験的に身に付けた戦略クリエイティビティーの言語化にもトライしています。「戦略クリエイティビティー」というまとまった章にはしていませんが、「創発を生む会議の進行術」（第8章）、「戦略創発の姿勢」（第9章、10章）、「戦略創発の技術①②③」（第11～13章）にちりばめています。すでに先達に棚卸しされ、型化されているフレームワークなどの形式知を使いながら、それらを臨機応変にどう応用しているか、また私オリジナルの戦略発想フレームについても紹介しています。

チームをゾーンに導く組織運営

次の編で詳しく解説しますが、①「創発を促す会議の場づくり」と、②「創発に導く戦略クリエイティビティー」を発揮した「創発会議」を行えば、みんな〝魔法にかかった〟

かのように、③「メンバー一人一人のモチベーションが高まり、チームがゾーンに」入ります。

なぜ、創発会議で組織は変わるのか？ そこには理由（仕組みや技術）があります。戦略創発ファシリテーターが、組織をゾーンに入れ、組織のカルチャーを変革するガイド役であるなら、戦略創発ファシリテーターの姿勢は、そのまま新しい時代のリーダー像、新しい時代のリーダーの姿勢と言えるでしょう。戦略創発ファシリテーターが持つ力、姿勢や技術を棚卸しすれば、新しい時代のリーダー育成や新しい時代の組織運営にも大いに参考になるはずです。

従来のビジネス書では、この3つは別々のテーマとして扱われてきました。①は「会議本」。会議の技術、ファシリテーション論、プロジェクトマネジメント論など。②は「戦略本」。事業戦略論、マーケティング戦略論など。③は「組織本」。リーダーシップ、チームビルディング、モチベーションマネジメント、組織運営などです。

しかし、実際に組織やチームを動かし、事業成果を上げるためには「創造的な戦略」を考えることと、その戦略の下で組織や現場メンバーがモチベーションを高くして、現場の各機能が有機的に動くこと、つまり「創造的な組織運営」の両方が必要です。それを両立させる方法が「みんなで戦略を創る」こと、つまり「共創」「創発」です。そして、それを実現する手法が「創発会議」です。

多彩な才能と個性を持つメンバーが知恵を出し合う「創発会議」を通じて、「創造的な戦略」が生まれ、メンバーのモチベーションが高まり、組織が有機的に動き出す。ゾーンに入る。オーケストラが、交響曲や協奏曲を奏でるように……。継続的に創発会議を繰り返していけば、そんな魔法のようなことが起きるのです。

ビジネスの現場において、前記3つの技術、方法論を、ある一定以上のレベルで体得し、メンバーに感動や熱狂を与えながら、プロジェクト全体をファシリテーションできる人は、今のところそう多くはいないと思われます。

人間に寄り添い、心を動かす

私は博報堂の戦略プランナー、戦略ディレクターとして約30年経験を積んできました。

様々なセクターにおいて企業の事業戦略、マーケティング戦略立案を支援してきました。広告代理店の戦略プランナーは単に戦略立案だけにとどまるのではなく、マーケティング、コミュニケーション、広報ＰＲ、販売促進、営業、店舗づくりなど、人の心を動かしながら、物を動かす、市場を動かす出口の施策まで関わります。どのような施策や活動であれば成果が出るか、戦略立案から施策まで一貫してＰＤＣＡ（計画・実行・評価・改善）のサイクルを回しながら経験を積み、思考を深めることができます。売り上げを上げるため、どうすればモノやサービスを買ってもらえるかを考えることは、人間の深層心理を徹底的に考えることでもあります。

現在は収集した行動データに基づいてマーケティングを行う時代になってきましたが、その根底にある人間の深層心理を洞察して打ち手を考えることが基本なのは、今の時代も変わりません。博報堂ではこれを「生活者発想」と呼んでいました。顧客を単にモノやサービスを消費する消費者として捉えるのではなく、人間まるごと３６０度、生活者として捉える。そのためには様々なリサーチを駆使して、創造的なリサーチにより、生活者の深層心理を洞察することから始めます。

図表5-1　様々な関係者の潜在願望を洞察する

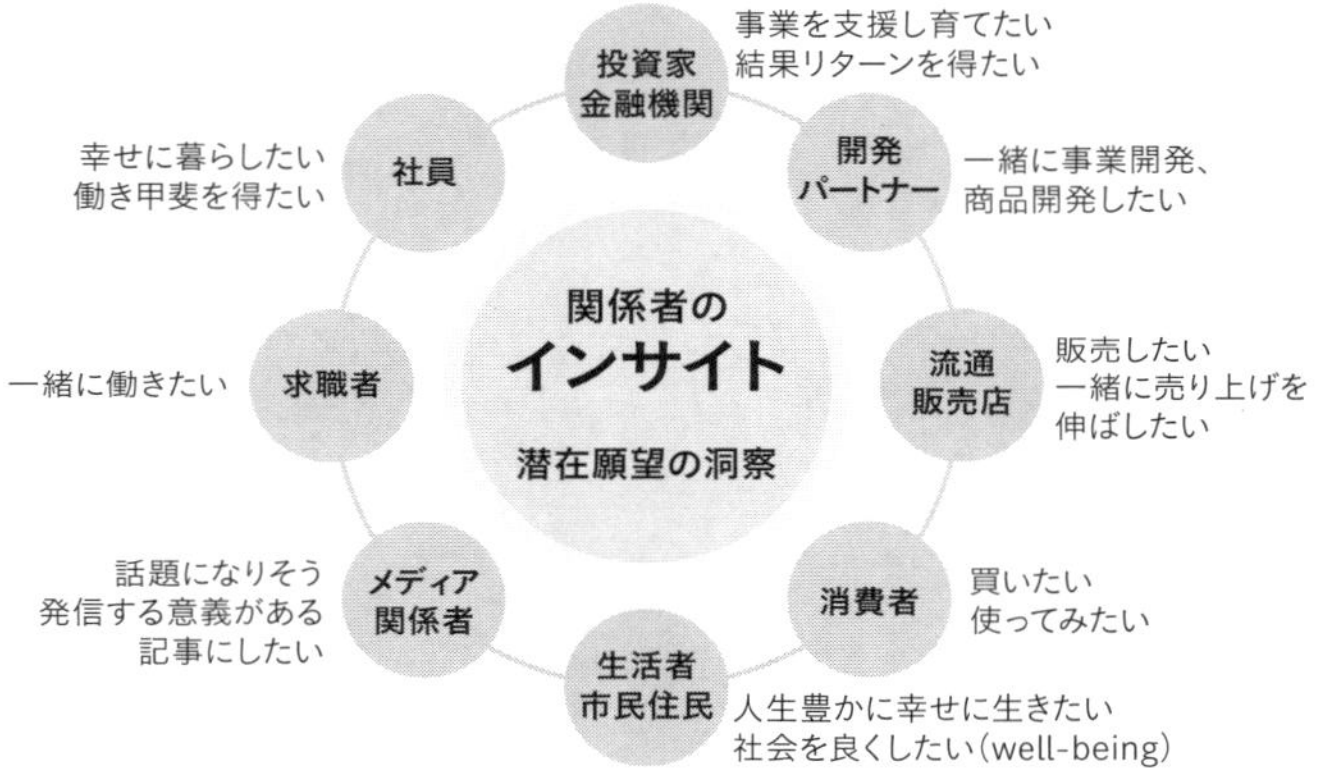

生活者インサイト、顧客インサイトというと、マーケティングや販売戦略立案のためのものと思われるかもしれません。しかし、実はこの人間の深層心理の洞察力は、ビジネスプロセスのあらゆる局面で大変有効に働きます。なぜなら経営、事業、ビジネスを成功させるためには、そのプロセスのあらゆる局面で、様々な「関係者」＝「人間」の心を動かす必要があるからです。

人事は求職者の心を動かす必要があります。財務や投資家向け広報（ＩＲ）は、投資家や金融機関の心を動かす必要があります。研究開発は技術者や研究パートナーの心を、生産部門はサプライヤーの心を、広報はメディアの記者や編集者の、マーケティングは生活者の、営業は卸や流通など販売代理店の、小売りの店舗部門は来店するお客さまの、それぞれの「ステークホルダー」＝「人間」の心を動かす必要があります。

社内の組織やプロジェクトでは、それぞれの部門・部署の役割と想いを持った様々な「担当者」＝「人間」が集まります。「人間」の深層心理を洞察し、どうすれば一人一人の「人間」が想いを持って、高い熱量とやる気を出して、楽しく、生き生きと動く、働くことができるようになるか？　博報堂が提唱する「生活者発想」やマーケティングの基本メソッドと言われる「生活者インサイト」で学び、試行し、思考を深めたことは、様々なステークホルダーと協働、共創を進めるためにも、組織横断プロジェクトを活性化するためにも生きています。「組織マネジメント」や「チームビルディング」「モチベーションマネジメント」においても、様々な関係者の潜在願望、潜在期待を洞察する「関係者インサイト」の力が生きてきます（図表5－1）。

「言葉の力」を知っているのが強み

広告代理店の戦略プランナーが、一般的な戦略コンサルタントに対して優位性がある点をもう一つ挙げたいと思います。それは「言葉の力」「コンセプトの力」を知っているということです。

「はじめに」で紹介した、大谷翔平選手の「憧れるのをやめましょう」という言葉が、周囲の関係者を奮い立たせたように、様々な関係者の心を動かすためには、やはり「言葉の力」が欠かせません。難しい戦略を「物語」としてわかりやすく伝える語る力。さらに戦略を短く端的に伝える「コンセプト」（コンセプトコピー）の力も重要です。

広告代理店の戦略プランナーには、こうした言葉の力について深く考え抜いた経験があります。直観を、思考を、言語化し、人に伝え、言葉の力で人の心を動かす経験を積み、言葉の力を信じているからこそ、関係者の心を動かし、巻き込み、組織を熱狂の渦に、ゾーンに入れることができると考えています。もちろん誇大表現や、虚言、行動が伴わない、魂がこもっていない口先だけの言葉では誰からも信用されませんが。

私が、現在の境地、現在提供しているサービス、現在の提供価値に至ったのは、30数年の長い経験、試行と思考の積み重ねがあってのことです。若い時はガムシャラに目の前のことに取り組んだだけでした。しかし、一つ一つの取り組み、活動の意味や価値を考え、検証し、反すうする。具体と抽象を行ったり来たりし解釈を重ねる。自分を取り巻く関係者の声に耳を傾け、自分なりに解釈する。そういったことを繰り返しているうちに、徐々に、視野は広く、視座は高く、視点は深くなっていきました。

可能性を引き出す「愛」によるマネジメント

ベテランは若手に比べ、集中力、瞬発力、時代や最新情報のキャッチアップ力は劣っています。しかし、組み立て力、判断力、決断力、対話力、引き出し力は、経験を積めば積むほど高まるものです。しかし、それを自己の権威を高め、圧政を敷くために使ってはいけません。威圧的なマネジメントは、一般社会ではもはや通用しません。圧ではなく、愛によるフォロワーシップ型マネジメントがいま求められているのです。ベテランこそ、高い視座からの懐深い「愛の力」を発揮しなければなりません。

私は人間一人一人の可能性を信じたいと思います。新しい時代のリーダーは、メンバーの秘められた能力と意欲といったモチベーションを引き出さなくてはなりません。前の時代のように上から押し付ける「圧のマネジメント」ではなく、一人一人に寄り添って、フォロワーシップを発揮し、その可能性を最大限引き出す「愛のマネジメント」へ。そして、それを組織全体の力に変える。組織が持つ潜在的可能性を、組織が持つ力を120％、150％高める。それを実現する手法が「創発会議」なのです。それを導くガイド役、ナビゲート役が「戦略創発ファシリテーター」です。

創発会議のすすめ

「みんなで創る戦略。みんなで、創造的な戦略を創れば、組織はゾーンに入る」

これが私の共創（協奏）デザインの思想です。「目的」は、企業がそもそも持っている

「経営力」を引き出し、高め、事業を成長させる（実績を上げる）ことです。あるいは、その地域が持っているポテンシャルを見いだし、高め、地域課題や社会課題を解決すること
です。

そのための「手段」が、いつもの会議を創発の場に変えること、つまり創発会議を導入することです。創発会議の「内容」は、創造的な戦略の立案(創発)です。これまで何度も繰り返してきましたが、関係者の知恵を集めて、自分たちの言葉で戦略を創ります。

その「結果」、組織がゾーンに入ります。組織がゾーンに入るとは、メンバー一人一人のモチベーションが高まり、組織に横連携が生まれ、部門・部署ごとに部分最適だった施策、活動に横串が通り(統合される)、施策や活動の実効力が高まった状態のことを指します。

次章からは、私が行っている共創(協奏)デザインについて、その方法論を具体的に紹介します。その前に、全体像と構造を整理しておきましょう(図表5-2)。

次の第6章では、「共創プロジェクトの設計」に当たって、問題意識、課題や狙いの明確化などの検討姿勢、検討視点について解説します。第7章と第8章は、「創発を生む会議の

図表5-2　アキラカ流共創デザイン（本書の構成）

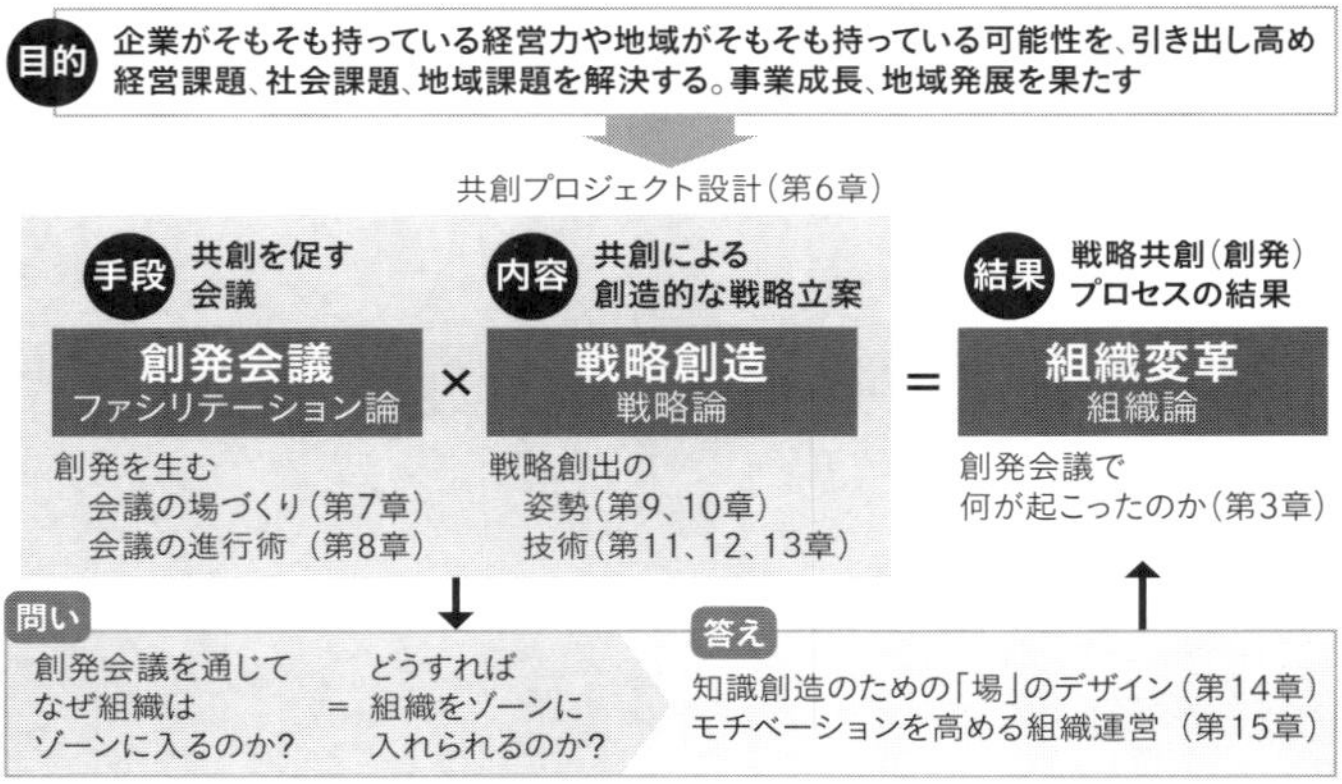

場づくりと進行術」について説明します。
第9章と第10章では、創造的な戦略を生み出すために必要な、「戦略創発の姿勢」を。第11章、第12章、第13章では、具体的にどのような戦略立案の型（フレームワーク）を、どのように使えばいいのかといった、「戦略創発の技術」を紹介します。
第3章で紹介した、創発会議を通じて「組織がゾーンに入る」という現象は、私自身も当初予期していなかった「結果」です。第14章、第15章では「創発会議を通じて、組織はなぜゾーンに入ったのか？」という「問い」を立てて、その要因を洞察します。それがわかれば、創発会議という手段を使わなくても、他に組織をゾーンに入れることができる組織運営の手段や方法論が見つかるかもしれません。第14章では「知識創造のための『場』のデザイン」、第15章では「モチベーションを高める組織運営」という観点で、その要諦を棚卸ししたいと思います。

破の編

創発を生む会議と戦略創発の技術

第6章

共創プロジェクト設計

経営者、事業責任者は悩みでいっぱい

経営者や事業責任者は、経営や事業の悩み、何か手を打たなければならないが、何をすべきかはっきりとはわからないといった漠然とした悩み、問題意識などを抱えています。明確に整理できておらず、どこかモヤモヤした問題認識や課題感が経営者や事業責任者の頭の中にあるという状態です。私に相談がきた例を挙げてみましょう。

【相談1】次の経営方針、経営計画を立てなければいけないが、既存事業だけに頼っていては成長がない。新規事業や新商品開発を行わなければならないが、あまりうまくいっていない。どうすればいいだろうか？（金属加工業・社長）

【相談2】人材がうまく育っていない。次の幹部候補を育てなければいけない。何か研修でもやったほうがよいのだろうか。どのような研修をするべきだろうか。（ＩＴ会社・経営企

画室長）

【相談3】 人材採用が難しくなってきた。この業界は人気がないからなのか、採用で他社に負けているだけなのか？　せっかく入った人材も長続きしない。採用広告にお金を使っているが、なかなかうまくいかない。何が問題だろう？　もはや小手先の施策ではうまくいかない気がする。（介護事業・社長）

【相談4】 新しいチャレンジとして、ＥＣ事業を立ち上げたがうまくいっていない。マーケティングがわかる人材がいないからだと思う。マーケティングの専門人材を外部から採用するか、外部のコンサル人材か、広告代理店の力を借りたいと考えているが、なかなかいい人がいない。（食品会社・社長）

【相談5】 社会の安全を守るためのＩＴ技術、保守メンテナンスという、一般からは目に見えにくいサービスを提供している。商談やＩＲ、採用のためにも、業務内容の先進性を伝えて理解してもらうため、ショールームを作りたい。しかし、これまでショールームの開発などやったことがない。どのように設計施工会社に相談すればいいだろう。（ＩＴ会社・社長）

【相談6】人口減少時代に入り、このままでは地域人口は減り、税収も減っていく。なんとか移住者を増やし、出生率を高め、産業を誘致し、観光収入も増やさなければならないが、何から手を付ければよいかわからない。魅力的な町づくりといってもやることがいろいろある。（地方自治体・首長）

【相談7】過疎地域の交通問題を何とかしなければならない。ＪＲのローカル線はこのままでは廃線となってしまう。利用促進策を考えたい。背景に少子高齢化の問題もあり、人口減少が続いている。このままでは消滅都市が増えてしまう。本来交通課だけで取り組む課題ではないが、どのように検討を進めればよいのだろう。（県交通課）

多様なテーマで戦略創造が可能なワケ

上記の相談はほんの一例ですが、事業推進において様々な悩み、不安、課題が存在します。相手は民間から行政・地方自治体まで、組織の規模や成長ステージも多種多様です。人口1000人の過疎の村もあれば、人口数百万人の都道府県もあります。衣食住の生活最寄り品を扱うBtoCから、機械、IT、エネルギーなどのBtoB。社員数人のスタートアップ企業から、50人、100人と成長期にあるベンチャー企業。30人くらいの中小企業、300人以上の中堅企業、1000人以上の大企業まで、規模も分野も実に幅広い組織が悩みを抱えています。

テーマについて、私が取り組んでいるものだけでも次のようなものが挙げられます。民間では中期経営計画などの経営戦略、採用戦略、離職防止などインナーブランディング、組織風土改革、パーパスビジョン開発、ブランディング、新規事業開発、新商品サービス開発、既存事業の立て直し、マーケティング、広告販促施策開発、技術広報、企業広報、ショールーム開発、営業強化、店頭施策開発、顧客関係管理（ＣＲＭ）、顧客流出防止、幹部研修、次世代幹部育成、リーダー育成、新人研修など。

行政・自治体では、シティーブランディング、シティープロモーション、移住促進、観光促進、産業誘致、地域産業事業開発、産品開発、少子化対策、交通問題解決など。また、複数企業合同での共同事業開発（オープンイノベーション）や、企業合併後のブランド統合や組織文化形成などもあります。

一般的な戦略コンサルティングなら、これら多岐にわたる経営課題、地域課題、社会課題解決を支援するに当たり、自分たちの得意領域を絞り（セグメント）、顧客を絞り（ターゲティング）、自分たち独自の提供価値を明確化（ポジショニング）するでしょう。戦略コンサルティングのマーケティング戦略上、そうするほうが効率的です。

しかし、私はかなり幅広い領域に対応しています。会議の力で、様々な社会課題、産業課題、市場課題、経営課題、地域課題の解決を支援しています。盛り上げ、組織をゾーンに入れ、継続的に共創支援します。それが可能な理由は２つあります。

一つは、戦略立案の基本的な方法論は、企業の大小や産業セクターの違いを超えると考えているからです。もちろん戦略の細部や個々の施策レベルになれば、違いを理解し、緻密な設計が必要でしょう。しかし大きな戦略、戦略発想の骨組み、幹のつくり方は、規模の大小、業界の違いを超えて普遍的です。

様々な関係者全員で戦略を創り、それを自分事化し、各現場に持ち帰って、それぞれの施策を展開し、その結果横串が通ってシナジーが生まれている。そんな状態を創る中核の場が「創発会議」です。そこで扱う戦略は、微細な違いを追求する精緻な戦略である必要はありません。本質的で、骨太で、大きな方針、骨格、幹をみんなで創り、みんなで共有することが大切です。

戦術や施策の精緻化は、会議メンバーがそれぞれの現場に戻ってから、パートごとに検討すればよいのです。重要なことは、全体戦略を部門・部署、つまり個別機能を超えて共創し自分事化することです。全体戦略の自分事化ができないまま、部門最適、部分最適の施策を行っているから、大きな成果につながらないのです。創発会議の場では、戦略の大きな幹、骨格をみんなで創ることに重きを置きます。

もう一つの理由は、多才、多彩な専門性、個性を持つ多様なメンバーを信じて、情報、知恵、想いを引き出し、活用しているからです。「三人寄れば文殊の知恵」です。一人では視座も、視野も、視点も、狭量で浅薄なものとなってしまいます。しかし、5人、10人、15人と、知恵を集めて創発会議を行えば、様々な角度から検討できます。様々な課題やテーマで、議論することが可能です。

もちろん、その課題領域に詳しい専門家がいるに越したことはありません。誰に参加してもらうか、「メンバー選定」も大切です。そしてメンバー選定と併せて重要なことは、自由闊達な議論ができる「場づくり」です。どれだけ知恵者が集まっても、自由に意見やアイデアを出せない環境であるなら、宝の持ち腐れ、資源の無駄遣いです。

つまり、物事を動かす本質的な動因を見抜くことができる、戦略立案の方法論を血肉化している戦略（創発）ファシリテーターの下で、多才、多彩なメンバーが自由闊達に情報と知恵と想いを出し合うことさえできれば、様々な領域で、多岐にわたる課題を解決する戦略創造が可能になります。

プロジェクトオーナーの問題意識の深掘り

さて、プロジェクト開始に当たっては、そのプロジェクトでどのような成果が出るといいのか、ゴールイメージをはっきりさせることが重要です。それは解決すべき課題の設定、ディスカッションする内容の方向性、指針を示すということです。

これはプロジェクトオーナーである経営者や事業責任者との「対話」を通じて行います。この対話から、すでに「創発」は始まっています。対話には「傾聴の姿勢」が欠かせません。かといって、一方的に聞いているだけでは課題はクリアになりません。こちら側も、気付きや視点、持っている知恵などを出し合いながら「相互触発」を促します。

対話は相互触発でなければなりません。こちらが出した視点や知恵によって、相手にも気付きが生まれるはずです。互いに持っている「引き出し」を引き出し合うのです。その相互作用を通じてアイデアは深まり、互いに信頼関係が生まれてきます。

先ほどの**【相談1】**のケースを使い、戦略ファシリテーターとの対話を通して相互触発、相互作業が生まれる様子を見ていきましょう。

金属加工業社長（以下、社長）：「次の経営方針、経営計画を立てなければいけないが、既存事業だけに頼っていては成長がない。新規事業や新商品開発を行わなければならないが、あまりうまくいっていない。どうすればいいだろうか？」

戦略ファシリテーター：「既存事業というのはどのような事業ですか？　その構成比はどれくらいですか？　これまで行ってきた新規事業はどのようなものですか？　なぜうまくいかなかったのですか？」

社長：「既存事業は交通関係の標識類の加工製造です。構成比は8割です。残り2割が新規事業です。プレート印刷技術を生かして様々な用途のカスタムオーダーに対応しています。どうしても既存事業のほうに意識が行ってしまうので、新規事業に本腰が入らないのだと思います。なかなか、うまくいかないこともありますし、製造部門があまりやりたがらないのでしょう」

戦略ファシリテーター：「御社の会社案内には、『Challenging Spirit!（チャレンジングスピリット）』というスローガンが書いてありますね。このスローガンやビジョン、パーパスはどうやって決めたのですか？」

社長：「私が依頼して、外部のコンサルとコピーライターから提案してもらいました。簡単なワークショップというか社員ヒアリングなども行いました。一昨年の中計方針で発表し会社案内に掲げました」

戦略ファシリテーター：「掲げているのは、中計資料と会社案内だけですか？ 他でもそのスローガンを掲示したりしていますか？ みなさん、どれくらいそのスローガンを意識できているのでしょうか？」

社長：「いいえ。中計資料と会社案内くらいにしか使っていません。発表しただけで満足しているかもしれません」

戦略ファシリテーター：「なるほど。ところで御社の強みはなんですか？　8割もの構成比があり、市場においても寡占状態にあるということは、強みがあるからだと思いますが？」

社長：「強みは金属加工、プレスの技術と、プリント技術です。行政と仕事をしているのでミスがあってはいけません。徹底的な品質管理、安全管理を行っています」

戦略ファシリテーター：「なるほど。生産部門の力ですね。では、営業部門はどうですか？」

社長：「営業部門も頑張っていますよ。8割の売り上げを占める行政関連が中心となります。納期と品質管理に気を配っています。新規の紹介があれば、すぐに訪問しています」

戦略ファシリテーター：「新規開拓はどうですか？　広告とかPRとか飛び込み営業とか？」

社長：「そんなにはやっていないです。新規は紹介が中心です」

上記の対話は非常にシンプルな対話ストーリーにしています。ここまでの対話を通じた戦略ファシリテーターとしての「見立て」は次のようなものです。

戦略ファシリテーター：「既存事業の1本足打法では確かに変化の激しい今の時代、リスクでもありますね。チャレンジングスピリットを発揮して、製造技術&品質管理の強みを生かして、新規事業＝新商品開発に取り組んだ、という発信はすでにされているのですね。でも、製品起点で事業開発をされようとしていますが、新規顧客開拓とか世の中にどのような新しい顧客ニーズがあるか、技術的な強みを生かしてどのような新しいニーズに応え、新しい顧客を開拓できるかといった視点が弱かったのではないでしょうか」

「現状は、営業もどのように新規顧客を開拓すればいいのかわかりませんよね。いきなりよくわからない企業に、飛び込み営業かけるのも勇気が要ります。チャレンジングスピリットって方針があっても、具体的に何をどうするのか考える機会がなければ、ただのお題目で自分事化されていないのかもしれません」

「次年度の経営計画に反映しないといけませんし、期間も決まっているので、今回のプロジェクトの中で、全てを精緻に議論することはできませんが、今回は来年度の活動の具体化に向けたプレステップと考えませんか。そこで社長に質問ですが、今回のプロジェクトで重視することは、あえて選ぶとしたら、次のどちらですか？」

①　新事業の方向性をある程度具体化すること

②　チャレンジングスピリットを自分事化して、組織文化、組織風土を変えていくこと

社長：「なるほど。確かにモノづくり、良い商品をつくるということには自信があるけれど、その技術がどこで売れるか、どこで使ってもらえるかという、新規顧客開拓の発想は弱いですね。顧客ニーズといっても顧客によって様々でしょうし。これまで誰もやってきていないから、どちらかというと、組織文化、組織風土改革ですね。チャレンジングスピリットといっても具体的にどうすればいいのかわからないというのは、その通りかもしれません。お題目で終わっていて、なかなか社内の雰囲気が変わっていかないのは気になっていました。新規事業開発の前に、チャレンジングスピリットの具体化、一人一人何をやるのか考えてもらうことが大切かもしれませんね」

戦略ファシリテーター：「では、今度のプロジェクトでは、先の中期計画で出された方針を踏まえて、チャレンジングスピリットをお題目で終わらせるのではなく、具体的な組織文化改革につなげましょう。そこに落としていくためにも新規事業の方向性をある程度リアルに、具体的にイメージしておくのは大切です。リアリティーがなければ具体的な活動指針は生まれません。組織文化改革はお題目ではなく、具体的な行動を通じて変わっていくものですから」

「事業についてですが、既存事業の一本足打法は、技術変化も速くて不確実な時代にはリスクとも言えます。新規事業を模索するというより〝第二の柱〟を作ろうと発信したほうが、危機感が高まるのではないでしょうか。何が第二の柱の事業になるか、みんなで考えましょう。そして、そのために来期どのような活動を立ち上げればいいか、具体的に考えましょう」

「具体的な活動を考える際は、〇〇大作戦のような作戦名を考えると楽しく盛り上がると思います。さらに、その上で一人一人がどう動けばいいのかまで具体化しましょう。『来期、私は〇〇に取り組みます』といった、決意表明までしてもらいましょう。一人一人の行動が変われば、組織文化も具体的に変わり、結果、新規事業も回り始めると思います」

社長：「ぜひ、それでプロジェクト立ち上げましょう」

プロジェクトの狙いを明確にする

戦略ファシリテーター：「それではプロジェクトの狙いは、『次年度経営計画策定にあたって。既存事業一本足打法からの脱却。第二の柱を作るために、私たちはどうチャレンジすればいいのか。5年後のあるべき姿（ビジョン）と、実現のための具体的活動について考える、組織文化改革プロジェクト』としましょう。すでにこれは、社長から社員に向けたメッセージ、方針発表です。あらかじめメンバー招集の際にハッキリ伝えてください。創発会議を通じて、これを一人一人の社員が自分事化していくプロセスを私が創ります。単に活動計画、行動方針を考えましょうと言ってもリアリティーがないですから、第二の事業の柱が生まれている具体的将来像を、メンバーで共創創発するのです。そのことを通じて、必要な行動を具体的にイメージしていきます」

社長：「わかりました。楽しみになってきました。社員に方針を自分事化してもらって、指示を出さなくても、自分たちで考えて、自律的に動いてもらえるような組織になってもらいたいですからね。メンバーはどうしようかな。幹部層でやるのか、幹部候補生でやるのか、現場リーダーでやるのか……。そこに私が入っても大丈夫かな？」

創発会議の参加メンバーは誰が適当なのか？

戦略ファシリテーター：「そうですね。今回の場合は、現場からの行動改革、組織風土改革が重要だと思います。なので、現場のリーダーを集めるのがよいと思います。また経営計画に反映するということですから、幅広く部門・部署を代表した人の知恵を集めたいと思います。なので、現場の若手ばかりということでもなく、年齢や立場は問いません。老若男女幅広いほうが多様な視点が生まれます。最後に制度や計画をまとめる立場の方は、役職者でもよいかもしれませんね。営業はバリバリ顧客に飛び込んでいる若手中堅がいいでしょう。生産は職人気質のベテラン社員がいてもいいですね」

「あとは女性の視点、母親の視点も大切です。男性女性を分ける時代ではないですが、女性のほうが企業に染まらず、エンドユーザーの視点つまり生活者発想が上手です。BtoBtoCの視点です。直接の取引先は行政または法人ということですが、その先には一般の生活者がいます。生活者や社会の困り事の解決に、自社の技術を生かしてどう貢献できるか、という視点が社員のモチベーションを高めるためにも重要です。社会への貢献、社会の中での自分たちの存在意義を認識するかどうかで、仕事への取り組み姿勢、モチベーションが大きく違ってきます」

「こういった生活者発想、社会発想は、企業の文化、組織の文化に染まり過ぎていない、女性として、母として、個人として、生活者としての時間を大切にしている女性のほうが柔軟な視点を持っている場合が多いです。また、組織風土づくりには働きがいと、働きやすさの両方の観点が必要ですから、女性の視点とか、高齢の親の介護に時間を取られているシニア層とかがメンバーにいてもよいと思います」

プロジェクトの狙いによっては、外部の専門家を創発会議のメンバーに招聘することもあります。例えば特定技術の専門家、特定領域の事業の専門家、有識者のほか、アイデアを具体的施策や制作物に落としていく各種クリエイター、デザイナー、プロデューサーなどです。彼らを招くのは、(1)社内メンバーだけでは情報や知恵、視点が足りないと感じたとき、(2)具体的な施策制作に当たり、あらかじめ戦略共有、戦略創発が重要と考えるときなどです。オープンイノベーション、アライアンス活用の考え方です。

複数の企業間での共同事業や、企業統合後の経営方針づくりやブランディング、組織風土づくりの場合は、異なるカルチャーを持つ複数の企業組織からメンバーを集めます。組織ごとに、意思決定の仕組みや言葉の意味が異なる場合があります。それらを確認したり、調整したりして進める必要があります。こういった場合は、どちらか一方の企業組織に所属するインハウスのファシリテーターより、「第三者の立場」で進行することができる外部の専門の戦略ファシリテーターが、より望ましいでしょう。

◆

◆

◆

行政や自治体の場合、有識者専門会議などが開かれる場合も多いでしょう。しかし、役人が事前に参加者の発言をチェックするほか、発言はしていただいても議論はしないという会議もあります。さらにまとめるのは役人、あるいは外部コンサルタントが持ち帰って、すでにある想定シナリオに沿って報告書を作成していくといったケースも多いようです。

有識者の前に、現場で問題や課題を抱えている生活者、つまり住民の声を聞くべきです。問題を解決したいのは現場住民です。この時、現場住民をお客さん、サービスの受益者と考えてはいけません。地域を共によくしようとする活動メンバー、共創メンバーです。そういう高い意識を持つ、今後の地域活動のドライバーとなるような住民と、行政職員が一緒に知恵を出し合って創発会議を行うことが重要です。

創発プロセスを通じて、住民参加者にも、自律的主体的な活動の意欲、やる気が湧いてきます。魂に火がともります。住民参加型、いや、「行政&住民一体型創発会議」です。

さて、話を金属加工会社の例に戻しましょう。

戦略ファシリテーター：「社長は同じテーブルでも問題ありません。ただし、創発会議にはルールがあるので、社長もそのルールに従ってもらいます。『佐藤社長』ではなく、『さとちゃん』と呼ばれるとか（笑）。社長はしゃべり過ぎないようにしてください。社長がしゃべり過ぎているときは、私が制します（笑）。少し離れた所にいて、オブザーバーとして見守るというやり方もあります。その場合、社長は一切口を挟めません（笑）。ワンテーブルで議論することが大切ですから」

「メンバーの人数ですが、創発会議は〝いつもの会議を創発の場に変える〟会議です。通常のワークショップのように付箋を使ったグループワークは行いません。代わりにホワイトボードを使って、ワンテーブルで議論します。最も良い議論が生まれる人数は10～15人。今日は社長と戦略ファシリテーターとの1対1ですが、メンバー一人一人の魂に火を付けて組織変革を促すためには、ある程度の人数がいるほうがよいでしょう。最大20人くらいまで可能です。人数が多い場合、発言する機会が少ない人が出ますから、それを解消するために、一部グループディスカッションを取り入れます」

◆ ◆ ◆

戦略ファシリテーターはプロジェクトのセットアップ段階で、プロジェクトオーナー（経営者、事業責任者）が抱えるボヤっとした悩み、問題意識を、傾聴と対話を通じて掘り下げ、「プロジェクトの狙い」や「成果イメージ」を明確にする必要があります。またオーナーとの1対1の対話そのものが、創発になっていなければなりません。対話＝創発ファシリテーションを通じて、オーナーに気付きを与えながら、オーナーがうまく言語化できないモヤモヤした気持ちを、しっかり言語化、見える化し、明らかにする必要があります。対話を通じてオーナーにも高揚感をもたらし、やる気、魂に火を付けます。それは、ファシリテーターが外から与えたものではありません。すでにオーナーの内側にある、しかし言葉にできていない想いを、戦略ファシリテーターが創発という相互触発、相互作用によって引き出し、言語化し、見える化のサポートをしただけです。

第7章

創発を生む会議の場づくり

ディスカッションのデザイン（進行案）

プロジェクトの狙いが確認できたら、会議の進行案、ディスカッション内容を検討します。テーマや議題だけが決まっていて、後はフリートークという会議が多いかもしれません。仮に風通しの良い社風で、ワイワイガヤガヤ盛り上がっても、議論したことがうまくまとめられない、結論が出ない、何が決まったのかわからないということが、よくあります。創発会議では、進行のアジェンダをメンバー間で共有し、会議の全体像や進行プロセスを共通理解とした上で、進めることが大切です。

私が行う「戦略創発による組織変革」を目的にした「戦略創発会議」では、通常行う戦略立案の発想プロセス自体が、進行アジェンダとなります。創造的な戦略立案とは何かを理解し、戦略立案の経験が豊富で、その戦略の下での施策展開や組織活動をけん引し、実績や成果を上げた経験も多くあり、戦略とは何か体感し、血肉化できている人が、ディスカッションをデザインするほうがより良い創発会議になることは言うまでもありません。

前章で紹介した金属加工会社の、経営計画策定に向けた創発会議における大きな進行アジェンダ（セッション）は、以下のような流れになります。

・Session 0　はじめに
- プロジェクトの趣旨／狙いの確認
- プロジェクト参加のルール説明
- 参加メンバー自己紹介／アイスブレイク

【現状理解と原因分析】
・Session 1　自社の現状と自社資源の棚卸し（Company分析）
・Session 2　競合理解と洞察（Competitor分析）
・Session 3　顧客理解と洞察（Consumer分析）
・Session 4　未来の市場洞察（PEST分析活用）
・Session 5　SWOT分析と取り組み課題

【戦略創発】

・Session 6　5年後のあるべき姿（VISION）
・Session 7　実現するための戦略（STP＋IC）

【戦術／活動創発】

・Session 8　実現に向けて取り組むべき活動、あるべき施策（Plan）
・Session 9　一人一人の活動、行動宣言（Action）

これだけ見ると、ごく一般的な教科書通りの戦略立案の流れです。実際、一般的な戦略立案のフレームワークを使っています。ただし、どのフレームを使って、どの順番でセッションを組み立てるかは、綿密に検討し設計します。ディスカッションの全体構造を考え、ディスカッションの流れを巧みに考えることが、創造的な戦略へと導き、参加者の納得度（体験価値）を上げ、メンバーをゾーンに導くためにとても重要です。

ディスカッションの「流れ」は、戦略立案、戦略発想の流れであり、難しい戦略を、わかりやすい物語に変える流れです。流れに無理があると、良い発想は生まれませんし、できたものが理解しづらい、複雑なものとなります。論理的な組み立ての流れでもありますが、単に理屈だけで整理構築するというわけでもない。感覚的にスッと頭や体に入ってくる、物語を語るかのように、その「流れ」を設計します。

ベテランストラテジストなら誰しも、（効率的に）創造的な戦略を発想し、組み立てるための思考のプロセスや発想のプロセス（型）を持っているのではないでしょうか。大体こういう順番で組み立てれば、比較的無駄なくゴールに導けるという戦略発想の順番です。ただし常にその型通りのプロセスで設計するわけではありません。テーマや状況に応じて、使うフレームや、使う場所、順番を変えたりします。

私が行う創発会議では、テーマや課題に応じて検討することはもちろんですが、対象企業の産業セクターや、置かれているポジション、組織風土やカルチャー、例えばプロダクトアウトかマーケットインか、戦略やマーケティングへのリテラシー、参加者の経験や階層などに応じて、そのプロセス、つまりセッションの組み立てを都度検討します。創発会議のプログラム設計例を一部抜粋して、**図表7－1**に記しましたので参考にしてください。

図表7-1　創発会議のプログラム設計例

Step1 現状共有と課題抽出
Company
自社資源や特徴の洗い出し
バリューチェーン（機能）
由来歴史
思想理念
パーパス(ビジョン)
経営戦略／方針
風土文化、働き方
資本、グループ
ブランド、イメージ
制度、教育、福利厚生
社員の資質、人柄、姿勢
組織、チームの特徴
領域
プロダクト
サービス
技術、設備
ノウハウ
知財
研究開発
組織
オフィス
Competitor
業界内競合
-競合他社の特徴、評価
新規参入
代替品の脅威
Costomer
商流
-代理店
-エンド顧客
-直接顧客
意思決定者
（DMU）
ニーズ
選択重視点
インサイト
（潜在期待）
自社評価
競合評価
ニーズやインサイトに応えられているか？
なぜどのように応えているのか？
なぜ応えられていないのか？
市場の未来
Politic（政策）
Economy
（経済）
Society（社会）
Technology
（技術）
社会や市場の新しいニーズ
不安不確実要素
↓
社会や市場からの期待
伸びる事業領域
伸びるサービス
伸びるプロダクツ
伸びる技術
Strength
本当の強み
=競争源泉
=模倣困難性
は何か？
Weakness
Opportunity
Threat
組織が持つ課題の洗い出し
Step2
NEXTビジョン共創
Step3
組織の在り方共創
Step4
個人の取り組み宣言
Vision
Consept
Position
Value
Plan
Action
経営計画、施策への反映

先にも述べましたが、フレームワークに当てはめて整理することが目的ではありません。フレームワークは情報や知恵を出しやすくし、発想を広げ、戦略ストーリーをわかりやすく組み上げるためのツールでしかありません。大切なのはフレームワークとフレームワークをつなぐ行間、文脈、戦略ストーリーの見立てです。戦略をわかりやすい物語として導いてくれるのが、このような本質的で基本的な戦略フレームワークなのです。

セッションごとのディスカッションのポイント、戦略ファシリテーターがあらかじめ想定する問いかけについては、創発会議の開催日ごと、セッションごとに進行台本に落としておきます。これは当日、会議室または会場で投影し、各セッションでディスカッションする内容を説明するためのものです。全日程分あらかじめ作るのではなく、各回、ディスカッション内容、進行状況を鑑みながら内容を調整して、各回の創発会議前に準備します。ここではその進行台本の詳細は割愛します。

各セッションの組み立ての背景にある創造的戦略に導くための姿勢や視点、発想法、フレームワークの使い方などは、本書の餡子《あんこ》の部分であり、一般的なファシリテーターではなく、戦略創発ファシリテーターたる所以《ゆえん》ですので、第9章から第13章まで紙数を割いて紹介します。

いつもの会議を創発の場に

さて、プロジェクトの狙いに対して、どのようなディスカッションをデザインすればよいか、どうすればゴールに導き、プロジェクトオーナーと、参加メンバーの魂に火を付けて、満足度を得ることができるか。その、進行案の大枠が見えてきました。次は具体的な会議のデザインです。まずは、いつ、どこで、どのくらい、何回くらい（平休日・会場・所要時間・回数）を検討します。

最も一般的な方法は、いつもの会社の会議室で、平日の業務として1回2時間の会議を、目的の達成に向けて回数を重ねます。一方、前章で取り上げた金属加工会社の例では、コンベンション施設の広い中ホールを借りて、土曜日の午後に3時間半を2回、各回夜の懇親会付きで実施しました。その狙いの違いについて解説します。

「いつもの会議を創発の場に変える」という考え方で、通常の会議室で平日の業務中に創発会議を実施することが、事務局や参加者にとって最も負担のないやり方でしょう。会議の時間が2時間と聞くと、今の時代は「長いなあ」と感じる方が多いかと思います。しかし、コロナ禍前などは、2時間は標準的な会議の長さでした。ただ、その2時間が創造的で生産性の高い場だったかというと、甚だ疑問ですが。

一方、7～8人以上のメンバーで、目的達成に向けた創造的な会議、戦略創発会議を行うためには、最低必要な単位時間は2時間と考えています。全ての参加メンバーから情報や知恵を引き出し、相互触発を生み、盛り上がり、高みに入り、かつ整理する、納得感を生むという一連の流れを1回の会議ごとに創るためには、最低でも2時間はかかります。

しかし、その2時間はあっという間に過ぎます。とても楽しく、ダイナミックな時間です。2時間までなら休憩なしで一気に進めます。少し脳が疲れるかもしれませんが、心地良い疲れです。実施回数は目的、狙いに応じて様々です。1回の単発会議もあります。標準的なプロジェクトの場合、創発会議は4～5回です。

参加メンバーが4～5人程度の小規模な会議なら、1時間程度で創発を生むことも可能

図表7-2　創発会議の提供価値

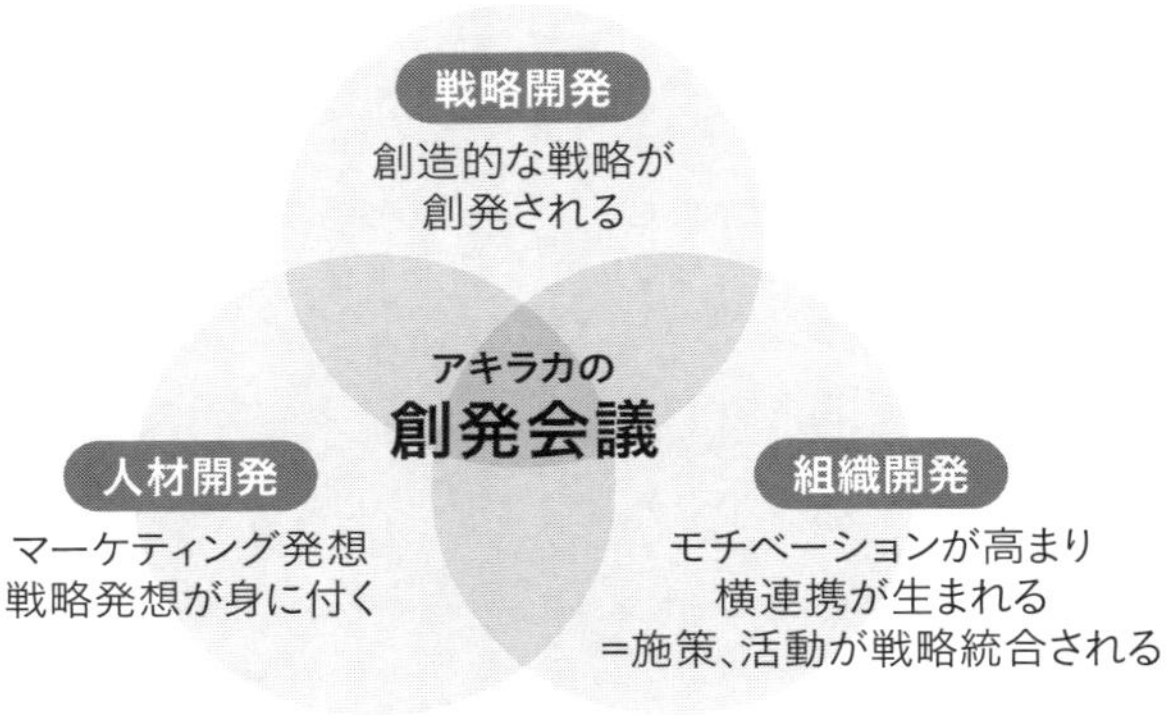

組織を、地域を、ゾーンに入れる

です。ただし、1時間程度では少し盛り上がってきたかなというタイミングで、その日のディスカッションを収束させなければなりません。2時間くらい熱く議論するほうが集中力も、相互触発も、高揚感も高まります。モチベーション形成には1回の会議で2時間程度は必要です。戦略共創に至るまで1時間の会議を数多く実施するより、2時間の会議を数回実施するほうが、プロジェクトの期間を短縮できます。何より早く成果に近づけます。

回数については、毎月1回、1年で12回、さらに経年で継続という案件もあります。継続的に事業に並走すると、創発会議を通じて「戦略発想」を移植できるので、人材育成につながります。さらに創発会議を通じて、メンバーのやる気、意欲、モチベーションが高まり、組織の壁を越えた横連携が生まれるため、「チームビルディング」（組織変革）の効果もあります。

戦略立案にとどまらず、各部門の戦術や施策の企画、進捗確認、改善などのPDCAに並走しながら、戦略統合による横連携、シナジー効果が生まれているか、戦略共創とその「実行支援」まで、共創（協奏）支援します。組織やプロジェクトのオーケストレーションです。このように「創発会議」には、一石二鳥、三鳥、四鳥の価値があります。外から与えられた戦略では決して得ることのできない価値、効能です（図表7－2）。

特別な創発体験の場の作り方

一方、金属加工会社の事例では、通常業務とは異なり、選抜されたメンバーで次の経営方針を考える「特別な場」であるという印象を、メンバーに与えたいということになりました。そのため通常の会議室ではない特別な場、天井が高く、広く明るく開放的で、きれいな施設を選びました。

平日ではなく土曜日に、それぞれのプライベートや個性がわかるカジュアルな服装で参加していただきました。後ろの期日も決まっているので、ダラダラ長くやるわけにはいきません。集中的に行い、短期で完結するため、3時間半×2回としました。長い時間になると、適宜休憩を挟む必要があります。人数は少し多めの20人です。

社長は同じテーブルにはつかず、後ろのオブザーバー席に座ることになりました。席は、なるべく参加メンバーの視野に入りにくく、社長の存在を忘れるような場所に配置しています。社長はオブザーバーですが、メンバーの議論をしっかりと聞いてもらいます。うちの社員はこんなに考えていたんだ、現場はいろんな問題意識や知恵を持っているんだ……。部門・部署を超えて話すと、こんなにアイデアが出てくるのだという、驚きと発見が生まれるでしょう。きっと、社長自らも刺激触発されてアイデアが次々と浮かんでくるでしょう。しかし、この事例の場づくりでは、あくまで社長はオブザーバー参加なので、その場で口を挟むことはできません。

会議後の「懇親会」に大きな効用

さて、夜は懇親会です。選ばれたメンバーの、立場や役割、個を超えた横連携を図り、業務を超えてわかり合うために、懇親会は有用です。わざわざ休日に集まるせっかくの機会ですから、懇親会をセットにすることを提案しました。

日中の創発会議を通じて、メンバーのテンションも上がっています。これまで課題やアイデアなど、思っていても言えなかったことを楽しく、自由に話せて、同じ組織のメンバーで創発体験をしたのです。ちょっと特別な非日常体験をしたのですから、少し躁《そう》状態です。創発会議は〝躁発会議〟でもあります。普段盛り上がらない会議が盛り上がって、誰もがしゃべりたくなるのです。

その延長線上の懇親会が盛り上がらないわけがありません。懇親会では仕事を離れて、普段あまり話さない他部門の人とも話が盛り上がります。「あの人ってどういう人なんだろう……」と、プライベートな話にも花が咲きます。形式的な仕事の関係者ではなく、一人の人間として、個人的な関係を築くことが絆を創り、信頼関係を深くします。あなたに興味があります、もっと知りたいですという姿勢が、心理的安全性を高めていきます。

「ワークショップ」と何が違うのか？

創発を生む会議、組織をゾーンに入れる会議と聞くと、よくある「ワークショップ」をイメージするかもしれません。多くの読者は、一度はワークショップを経験したことがあるでしょう。私も前職の博報堂時代に、多くのワークショップのファシリテーションを行ってきました。ワークショップを通じてファシリテーターとして経験、研鑽《けんさん》を積み、技術を磨いてきました。

しかし現在の私の境地としては、一般的なワークショップでは創造的な戦略創発にはなかなか至りませんし、組織を〝ゾーンに導く〟ことも十分できないと感じています。目的をそこに置いた場合、ワークショップは効率が悪く、生産性が低いと言わざるを得ません。

一般的なワークショップでも、多様なメンバー同士でアイデアを出し合えれば、新しい視点や切り口、アイデアが生まれるでしょう。時間を気にせず、いくつかのグループでじっくり話して、アイデアを広げる、新しい気付きを得るという観点からは、うまく運営すれば、創発会議より得られるものは多いかもしれません。

しかし、ワークショップの問題の一つは、そのプロセスにあります。グループ分けをして、付箋を使って発想ブレストを行い、付箋を並べ替えて整理する作業をグループごとに行います。これでは整理する作業やグループワークに、多くの時間が取られてしまいます。時にはレゴブロックなどを使って、ゲーム感覚を取り入れて楽しい場づくりを行います。こちらもゲーム的なことに時間を費やします。もちろんゲームの中から発想を広げ、本質的な気付きが得られるように仕組まれているのですが、本質の発見までのプロセスが回りくどい。「急がば回れ」という考え方もありますが、時間と労力はコストです。外部のコンサルタントやファシリテーターに依頼すれば、彼らの多くの時間と労力をかけるワークデザインが提案されますが、それはそのままクライアントにとってのコストになります。

また、その進行プロセスは、個人発表し、グループでまとめ、発表し、全体まとめをするといった流れを作ります。グループまとめも、全体まとめも、各人、各グループの発表を尊重しながら、気を配りながらまとめると、結局は最大公約数的で、当たり障りのないまとめになりがちです。グループ内のファシリテーター、全体ファシリテーターが戦略の専門家ではなく、創造的な戦略に関する理解や経験知識がない場合はなおさらでしょう。ファシリテーターが、ただの司会進行役、（最大公約数的）まとめ役で終わっているというケースは、一般的なワークショップによくあることです。

1日かけて、合宿形式で、非日常的な空間で行う知的ワークを通して、心地良い疲れとともに、チームワークは高まるかもしれませんが、それが〝目的〟となっていないでしょうか。行政や自治体でよく行っている住民参加型ワークショップ、企業でよくある新規事業アイデア開発やイノベーションアイデア開発ワークショップ、人材育成リーダーシップ研修ワークショップなど、実に多様なワークショップが存在します。しかし、「住民と対話共創しました」「部門部署の垣根を越えて、これまでにない視点で事業アイデアを出しました」「様々な部門部署のリーダーを集めて教育プログラムを展開しました」など、組織内で報告すること自体が目的に、あるいは手段が目的になっていないでしょうか。

そこで話し合ったことを、実際の事業で採用できる現実的な戦略へと誰が昇華させ、その後の具体的な施策や取り組みに、誰が責任を持ってつなげていくのでしょうか？ 一般のファシリテーターは必ずしも戦略立案の専門家とは限りませんし、その後の活動まで並走できる事業推進の経験が豊富な伴走者とは限りません。

ビジネスの目的は、創造的な戦略を生み出し、各現場、各機能、各個人が、統合された全体戦略の下、主体的にモチベーション高く動き、施策が有機的に連携し、市場や社会を動かす成果を上げることです。その目的からすると、一般的なワークショップの効果は限定的です。一時的なチームビルディングのイベントに終わってしまい、クリエイティブな戦略創造も、戦略の自分事化も果たすことができづらいと、私自身、多くの実施経験を経て感じています。

One Team, One Table が原則

では、創発を生む会議は、どのような場づくりが良いのでしょうか。

まずはテーブルセッティングと備品について検討しましょう。テーブルセッティングは、

基本ワンテーブルです。中央にホワイトボードを置きます。ホワイトボードに向かってコの字、または扇形に机、または椅子のみでセッティングします。

ホワイトボードに全員が向かって、ワンチームでディスカッションし、グループダイナミズムを創ります。15人くらいまではワンテーブルで進行できますが、15人以上になると、便宜上3つぐらいの島を作ります。人数が多過ぎるとテーブルが広がり過ぎて、メンバー間に距離感が出てしまいダイナミズムが失われます。そうならないよう、互いに顔が見える密な距離で島を2~3つ作るのです。

その場合もグループディスカッションは最小限にします。付箋を使うグループワークは行いません。軽いグループディスカッションは取り入れますが、基本は参加者全員による、ワンチーム、ワンテーブルでのグループダイナミズムを重視します。

参加者の「心理的安全性」を担保する

私は「いつもの会議を創発の場に。どんな会議でも盛り上げます」と言っていますが、性差、年齢、組織や立場、役割、専門性などにとらわれず、自由闊達な議論を行うために、まずは「心理的安全性」の担保を大切にしています。何を言ってもＯＫ。聞いてもらえる、受け止めてもらえる、認めてもらえる、称賛される。そうすればうれしくなり、気持ちよくなる。もっと話したくなる。これが創発の場づくりの基本です。これは一般的なワークショップも同様です。

メンバー一人一人の心理的安全性を担保するため、創発会議では参加者に次の４つのルールを守っていただきます。

① 傾聴と称賛の文化

人の話をよく聞き、「素晴らしいですね」と称賛する。

② 否定厳禁

人の意見、発言を決して否定しない。

③ ポジティブシンキング

可能性を追求する。こんなこと言っても実現しないな、絵空事だな、反対されるな、など、現実的な障壁をこの場では考え過ぎない。

④ 感じたことを口にする

上記同様、心が赴くままに、直感的にひらめいたこと、良いと感じたこと、それあるかも、面白いかもと思ったことを、素直にそのまま口にする。

この4つに加えて、もう一つ大事なルールがありました。

創発会議では、「佐藤社長」「鈴木部長」などの肩書で呼ぶことを禁じます。互いを「○○さん」と呼ぶ。またはニックネームで呼ぶ。上下関係や役割をなくし、対等、フラットな関係性でディスカッションします。

冷たい心を溶かす「アイスブレイク」

「アイスブレイク」も重要です。アイスブレイクとは文字通り、冷たい氷のような関係性、心理状態を溶かし、何を言っても大丈夫という、心理的安全性の高い場を創るために行います。基本的なアイスブレイクは「ニックネームの紹介」です。なぜそういうニックネームなのかも話してもらいます。すると組織内でのオフィシャルな役割ではなく、その人のプライベートが垣間見えます。

その他「家族の紹介」とか「趣味休日の過ごし方」「普段の暮らしの紹介」「学生時代に打ち込んだこと」などを話していただきます。自分のプライベートを開示し、また相手側が「あなたのプライベートに興味があるよ」という姿勢を示すことは、心理的安全性を担保するのにとても有効です。あなたのオフィシャルな役割ではなく、あなた個人に興味があるよと示すことがポイントです。面白いプロフィルの方、みんながつい気を配ってしまう、重しになってしまう上役などは、そのエピソードを基にファシリテーターが失礼のない範囲で「いじる」「突っ込む」ことも有効でしょう。

例えば、フレンドリーになれるニックネームを付けてあげてはどうでしょうか。いつも「社長」と呼ばれている渡辺正二郎社長に、「今日一日は、〝正ちゃん〟と呼んでもいいですか？」といったようなことです。「ああ、今日は、何を言っても怒られないんだ。こんなふうにフラットで、自由な雰囲気の場なんだ」と示します。もちろん本人の了承が得られることが前提なので、やり過ぎは禁物です。礼節は重んじて、常識の範囲でです。

終了後の懇親会の効用は、先に記しました。アイスブレイクでもあり、組織における心理的安全性の形成のためにも、アンオフィシャルなコミュニケーションの場づくりは重要です。モチベーションを高める組織運営における心理的安全性の重要性については、第15章で取り上げます。

第8章

創発を生む会議の進行術

創発を促す対話術とキラーワード

いよいよ創発会議の場での戦略創発ファシリテーションが始まります。具体的な進行では、戦略ファシリテーターからの投げかけ、問いかけ、受け止めなどの言葉が、創発の場、高揚の場を生み出していきます。心理的安全性を担保し、相手を肯定し、視点を広げ、議論を深め、原因を掘り下げ、本質に迫る投げかけを行います。戦略創発ファシリテーション（以降、戦略ファシリテーション）でよく使う〝キラーワード〟をいくつか記します。

【承認称賛し、場を温めていく言葉】

「そうなんですね」「なるほど」「いいですね」「さすがですね」「素晴らしいですね」「面白いですね」「すごいですね」

相手の発言を受け止め、肯定し、承認する言葉です。感情を込めて称賛すれば、感嘆し、深く同意を表すことになります。肯定や称賛をすることで心理的安全性を担保し、ポジティブな雰囲気を高め、場を温めていきます。

【掘り下げ、引き出し、明らかにする投げかけ】


「よく理解できなかったので、もう一度教えてください」

「私その点について専門でないので、知識がないので、教えてください」

「今のお話し、何か気になりますね？　それってどういうことですか？」

「ちょっとわかりにくいですが、その辺りに何かポイントがありそうですね？」

「別の言葉で言い換えると、どういうことですか？」

「他の説明をしてみてください」

「事例とか、何か他に例えて説明できますか？」


第三者としての戦略ファシリテーターは、必ずしもその業界のことや、その企業・地域のことを熟知している必要はありません。素直な気持ち、新鮮な気持ちで、知らないことは教えてもらいます。聞くということは、あなたに関心があるという態度を示すことです。参加メンバーからすれば、聞いてもらえること、知らないことを教えることはうれしいものです。気持ちが高まり、ファシリテーターとメンバーの関係性が高まっていきます。

その業界やその企業、組織の常識や当たり前を知らない、それらにとらわれない第三者だからこそ気付ける、気になることも多々あります。そういったところに〝核心〟が潜んでいます。組織の中では当たり前のことでも、外の人間が見て初めて、独自性が潜んでいると気付かされるということが往々にしてあります。それが当事者だと、組織へのとらわれが邪魔してそうはいきません。

戦略ファシリテーターは、第三者としての無垢《むく》な視点と、何か気になるという直観を大切にすべきです。何かぼやっとしている、明確にできていないが何か気になる。そうした違和感があれば、掘り下げるべきです。いろいろ言い換えたり、説明を足したり、何かに例えたり、他の人が少し異なる視点から解説してくれたり、そういったことを繰り返すことで、ぼやっとしていたこと、的確に言い当てられずモヤモヤしていたことが、少しずつクリアになっていきます。

アナロジー（類推、類比、比論）、メタファー（比喩、暗喩）を使うことは、本質をはっきりさせる、浮き彫りにしていくために有効です。他の事象や事例に例えてみると、両者に共通する物事の本質がはっきりしてきます。物事の本質、真理は、領域を超えて成り立つことが多々あります。アナロジーは論理的、分析的に比較しながら共通項を際立たせる方法であり、メタファーは表現として何かに例えることで、真理に気付かせる修辞技法です。

【戦略キードライバーに迫る投げかけ】

「それってすごくないですか？」

「みなさん、それ当たり前のことと思ってるかもしれませんが、他社も同じようにやってますか？」

「それってすごくユニークじゃないですか？　自社ならではじゃないですか？」

創造的な戦略立案の鍵となるのが、その企業、地域、組織ならではの、独自性、特徴、優位性を発見し、他社に対する競争の源泉や模倣困難性を見つけることです。戦略立案のキードライバー（実効力の高い戦略を生むための駆動力となるポイント）と言えます。その企業にしかできない、その企業ならではの、その企業だからこその、必然的かつ独創的な戦略のベースとなります。

それが見つかれば、メンバーの納得度、自分事化度も高まります。自分たちがその戦略を取るべき意義や必然性が出てきます。自社の特徴や資源の棚卸し、強みの発見などのセッションを通じて、それを掘り下げ、気付き、明らかにしていけます。これらの言葉は、その際に欠かせません。これらの投げかけを駆使して、最大級の肯定、称賛を伝えます。

ここまで聞いて、「それってファシリテーターが誘導しているのではないか？」と感じた方がいるかもしれません。いえ、ファシリテーターは対話を通じて核心に迫るプロセスをガイドしているだけです。自分たちのことは自分たちで気付けません、自分たちのことを客観的に見ることは難しい。自分たちの強みや競争の源泉、模倣困難性を、明確に見える化し、明確な言葉にすることは至難の業です。組織の大小、組織か個人か、企業か地域かなどを問わずです。

だから、専門の戦略ファシリテーターが対話を通じてナビゲートする意味があるのです。相互触発を通じて核心に導くのです。単にディスカッションをガイドするだけでなく、戦略ファシリテーター自身の気付きやアイデアを場に出していきます。戦略ファシリテーターも対等でフラットな、同じメンバーの一人です。時に知らないことを教えてもらい、時に相手が気付かないことを教えます。それが創発です。

【核心をつかみ出し、高揚感に導く言葉】

対話の中で、面白い言い回しやキーワード、普通でない、平凡でない表現や言葉が出てきたら、それを拾い出します。その際、称賛、感嘆を示しましょう。戦略のプロとしての感動を場に示し、伝えます。これによって、メンバーを同じ感動に巻き込みます。難しくありません。こんな言葉です。

「おお、それって面白い表現ですね！」

「いいキーワードですね！」

「それって今までいろいろ話したことを言い当ててますよね！」

「印象的で心に残る言葉ですね！」

創発ですから、ファシリテーターがより核心を捉えた言葉に言い換えたり、言葉を重ねたりしていくことも有用です。

「それってこういうことですか？」

「このように言い換えられますか？」

相互触発で、核心に迫れ、皆が腑《ふ》に落ちる、心に響く言葉が見つかった時、核心が明らかになった時、ちょっとした感動が参加者に生まれます。場に高揚感が生まれます。「創発の瞬間」です。

核心を突く戦略ファシリテーターの姿勢

戦略ファシリテーターには、どこに着目して掘り下げていけば核心に迫れるか、創造的な戦略に導くことができるかの着眼、センスが問われます。核心を突く言葉を引き出し、拾い出す戦略クリエイティビティーの力も問われます。

戦略には正解はありません。また、戦略は属人的な判断の積み重ねによって生まれます。ビジネス環境において同じ情報、同じ事象を見ていても、着眼点は人によって異なります。「見立て」が異なれば、当然異なる戦略が生まれます。

誰が戦略ディレクションするか、ファシリテーションするかによって、同じメンバーでディスカッションしても、生まれる戦略は異なるのは当然でしょう。同じように、参加メンバーが異なれば、生まれる戦略も異なるでしょう。

多才、多彩な、知恵と個性による相互作用、相互触発による創発です。戦略はアートです。世の中に同じ戦略は二つとありません。

データ分析だけに頼っていては、出てくる答えは似たようなものになります。同じデータで同じ答えを出すのがサイエンスです。しかし、全てをデータ化することは不可能です。サイエンスも使いながら、まだデータ化されていない領域においては人間の判断が不可欠です。それは多かれ少なかれ〝アートの領域〟なのです。

チームスポーツにおいて、監督やヘッドコーチによって戦略は異なります。所属する選手や起用する選手によっても、取るべき戦略が異なる点も同様です。常に正しい戦略がある、正しい戦略を追求すべきであるというのは思い込みであり、過信に過ぎません。複雑で曖昧で不確かな社会環境・市場環境の中で、さらに無数の情報、状況、局面が存在する中で、何に着目するか、どう文脈を見立てるかによって、導かれる戦略は異なります。戦略立案者の経験やセンスによって答えが違う、戦略とはそういうものです。

より創造的かつ独創的で、メンバーや顧客をはじめとした様々な関係者の心を動かし、革新的な成果につながる戦略が良い戦略です。高い視座、広い視野、とがった視点から検討された戦略であるほど、より創造的、独創的な戦略となるでしょう。高いレベルで創造的な戦略に導き、組織をゾーンに入れることができるストラテジスト、戦略ファシリテーターだけが、戦略マエストロと呼ばれることを許されます。

「核心を突いた、確信を得た時、初めて革新が生まれる」――。戦略ディレクターであり戦略ファシリテーターである私の考え方です。その確信が持てた時、私はプロながら興奮します。気持ちが高揚します。それを皆さんと共有します。世界的指揮者（マエストロ）の故・小澤征爾氏や佐渡裕氏なども、高揚感の中でオーケストラを指揮されているように思います。その熱量が周囲に影響を与え、観客も含め熱狂の渦に巻き込むのです。

ボードライティングは「全参加者の全発言」を書き出す

創発会議では付箋や模造紙を使ったグループワークは基本行いません。代わりにホワイトボードを複数台使います。ホワイトボードを中心に置いてワンチーム、ワンテーブルで議論をします。戦略ファシリテーターが、発言内容をホワイトボードにどんどん書き取っていきます。ここで大切なことは、「全ての参加者の全ての発言」を書き取っていくことです。

セッションを通じて、ホワイトボードがみるみる埋まっていきます。1時間前後の1つのセッションで、ホワイトボードが1~2枚すぐに埋まっていきます。仮に9つのセッションがあるとしたら、18枚前後のホワイトボードの板面を使用することになります。可能なら終了時に18面のホワイトボードを一斉に並べたいものです。壮観な空間になるでしょう。

実際は1~3台のホワイトボードを使い、写真記録して、消しながらセッションを進めていくことになります。模造紙に書いて18枚貼り出すという手もありますが、模造紙は貼る手間がかかりますし、場所も取ります。書き直しもできません。ゴミも出ます。その点ホワイトボードなら書き直せますし、記録したら消してまた書けるので、模造紙よりも機動性高く、環境に優しいという利点があります。

ボードライティングの意義、効用は大きく二つあります。1つ目は「心理的安全性の担保」です。誰のどんな発言も、いったんは書き留めます。立場や役割、専門性に関係なく、フラットに書き出します。これによって参加メンバーは、私の発言でも受け止めてもらえたと承認欲求が満たされます。何を発言しても否定されない、受け止めてもらえるという心理的安全性を実感します。

また、佐藤社長の発言も、新人の川上さんの発言も、ホワイトボードに書き出された瞬間に発言者から離れ、フラットな同じ重みを持った文字情報に変わります。議論が進むうちに誰の発言だったか気にならなくなります。そうすると客観的な目線で議論がしやすくなります。ディスカッションが弾むようになります。

2つ目は「議論の見える化効果」です。議論全体の中で、情報と情報の中に因果や相関などの関係性がないか、背景にどのような要因が潜んでいるのか、深掘りに役立つ全体の俯瞰図《ふかんず》となります。

創発会議では、セッションごとに何をディスカッションするか、それぞれ主題が決まっています。例えば「自社の保有資源をバリューチェーンに沿って洗い出し、本当の強み（競争源泉、模倣困難性）を明らかにしよう」などです。この場合、まずこの企業ならではのバリューチェーンを検討して、それを保有資源洗い出しのワークフレームとします。

例えば、研究開発＞商品企画＞調達＞生産＞営業受注＞配荷流通管理＞広告販促＞店頭施策＞アフターフォロー顧客情報収集＞顧客管理、などです。次に研究開発から順に保有資源や特徴、強みを洗い出していきます。順を追って、時に行ったり来たりしながら、こ

全ての発言を書き出すボードライティング

のフレームに沿って特徴や資源が洗い出されて、ホワイトボードが埋まっていきます。

ディスカッションの途中で、ファシリテーターが気になったことを質問します。例えば「今、広告販促でバズる動画コンテンツが、自社の特徴であり強みになっているという話でしたが、それって商品企画の段階から常に意識していますか？　商品企画では、世の中のトレンドを常にウオッチしているという特徴が挙がっていましたが、例えばバズることを前提にして、面白い商品開発を常に心がけているということでしょうか？　だとすると、商品の企画と広告販促の企画が連携連動一体化しているということですよね？　それを可能にしている組織体制や会議体に、何か特徴があるのでしょうか？」などです。

この質問では、「商品企画」と「広告企画」というバリューチェーン上異なるフェーズのものに、何らかの関係があるかどうかについて確認しています。また、その背景にこの企業ならではの組織運営、会議運営の特徴があるのではないか？という視点で質問しています。俯瞰し、関係性を見つけ、背景に潜む要因、本質を深掘り探索し、発見しようとする質問です。

良い質問をするためにも、全体の俯瞰は欠かせません。その上で、質問に即してボード上に関係性を赤い矢印でつなぎ、深掘りした背景にある組織運営、会議運営の特徴について赤文字や赤囲みで書き加えていきます。こうすると全体俯瞰と同時に、議論の構造、洞察の構造が見える化されていきます。

戦略ビジュアライゼーション

ボードライティングでは、まずは発言に軽重を付けず、フラットに全ての発言を書きとることが重要だと述べました。次は、書き取った情報を俯瞰して、内容を構造化し、戦略を見える化していきます。

すでにボードを使って関係性を発見し、背景にある要因を掘り下げ洞察する質問とライティングの技術を説明しました。そのように議論のポイントを整理して、構造化し、時にチャート図や表などにまとめて見える化することを「戦略ビジュアライゼーション」と呼んでいます。フラットに書き出した発言を基にして、改めて構造化、チャート化する場合もありますし、発言を書きながら気が付くと自然に構造化、チャート化されているという場合もあります。即興で整理、構造化をしています。

このような、戦略ビジュアライゼーションの力を高めるためには、整理・構造化のための様々なワークフレームが頭に入っている必要があります。議論の内容によって瞬時にどの

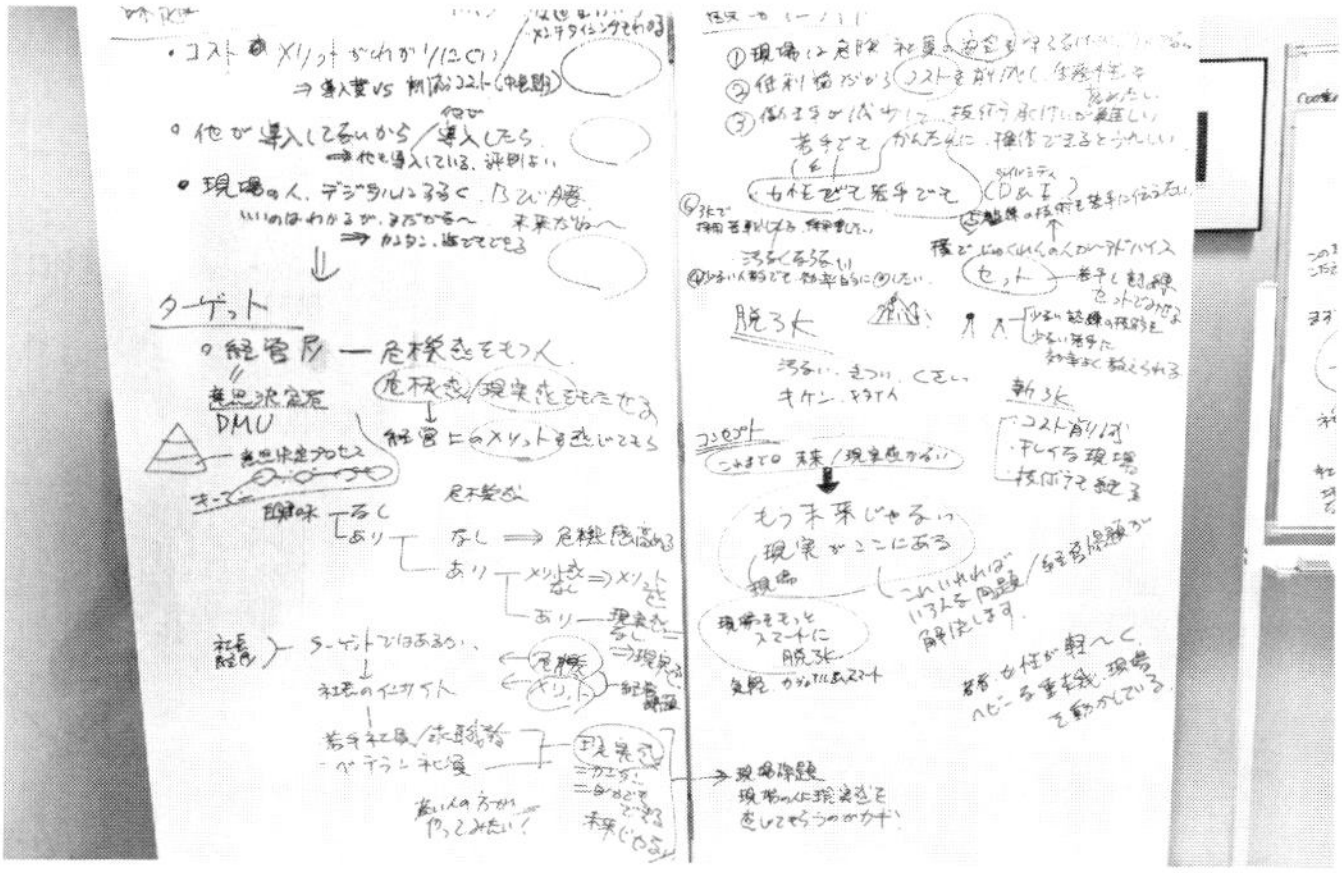

戦略ビジュアライゼーション

ようなフレームで整理・構造化しようか判断し、頭の引き出しから取り出します。いわゆる戦略フレームワークを活用する場合もあれば、より一般的な表で整理する、２軸で整理する、３つの重なる円で整理する、ツリー構造で整理する、ガンチャートで整理するなど様々です。

参加メンバーからすれば、思い付いたことを自由に発言しているだけなのに、それがみるみる整理され、構造化され、チャート化されていく状況を目の当たりにすると、感動を覚えるようです。ある意味、参加型戦略プランニングのライブショーのようなものです。

これら創発を促す対話術（質問の投げかけ）、ボードライティング、戦略ビジュアライゼーションのいずれも簡単なものではありません。社会人になりたての1年生、2年生に戦略ファシリテーション、戦略創発ファシリテーションをやってみろと言っても難しいでしょう。また、世の中には様々な目的のワークショップが存在し、ファシリテーターと称する方も数多くいらっしゃいます。しかし、創発により創造的な戦略に導く戦略創発ファシリテーターを称する人は多くはいないでしょう。

一方、経験豊富なベテランストラテジストであれば、戦略立案は巧みかもしれません。ただし、いくら戦略家として優秀でも、上から目線による「圧」によるマネジメント、「圧」によるディレクションを好む方だと、創発の場づくり、創発のファシリテーションは難しいでしょう。創発を前提とする戦略ファシリテーションには、フォロワーシップの姿勢、「愛」によるマネジメントの姿勢が不可欠です。

創発会議の進行術まとめ

第7章の創発会議の場づくり、第8章の創発会議の進行について、会議を通じて創発を生むプロセスとして、その流れをおさらいします。

●創発を生むプロセス

①戦略ファシリテーターによる場の設定。心理的安全性の担保。
②戦略ファシリテーターからの投げかけ、問いかけと、参加メンバーの反応、発言。
③発言についての承認、称賛。
＝この場が心理的安全性を担保されていることの確認、確証。
④参加メンバー間の相互触発。新たな思い付き、自分なりの考えを引き起こす。上乗せ発言。
⑤それら対話を傾聴する戦略ファシリテーターの気付き、新たな問いの投げかけ。

外部の戦略ファシリテーターの場合、当事者間では気付きにくい、第三者としての立場の目による視点で、純粋で、新鮮で、本質的な気付きを投げ込む。

⑥上記の繰り返し、相互作用による、場の高揚。

●戦略ファシリテーターの姿勢

①会話の傾聴、称賛、問いの投げかけによる議論の拡張と深掘り

戦略ファシリテーター自らが集中力を高め、対話に、その場に、没入する。

②ホワイトボードへの書き出し

なるべく全ての発言を書き出す。その行為は、傾聴と称賛を参加メンバーに目に見える態度として示すことであり、また戦略ファシリテーター自らが集中し、没入していることを態度で示すことである。

③チャート図表による整理構造化

即興によるその場での整理構造化、見える化（戦略ビジュアライゼーション）は、日常的に戦略立案を仕事にしていない参加者にとっては、強い印象、時に感動を呼ぶ。自分たちの発言、知恵、アイデアがみるみる整理されて戦略化されていく体験。それはある意味、エンタメであり、体験価値である。

●参加メンバーへの伝播

集中、没入は人に伝播する。周りは共通のゴールを目指し、同じゲームに参加している仲間である。周囲に刺激触発されて、場に触発されて、自分の集中力も高まる。新たな気付きやひらめき、知恵やアイデアが浮かんでくる。ひらめきの瞬間は誰もが興奮する、うれしくなる、楽しくなる。そのアイデアの大小、軽重は問わない。クリエイティビティーの魔力である。ひらめいたこと、思い付いたことは誰かに話したくなる。何を話しても否定されず、称賛される場がそこにはある。そうして、また誰かが触発され、次第に場が熱を帯びてくる。

Column 1

古代から「会議」で創発してきた日本人

～日本式会議のすすめ～

日本の会議、欧米の会議

多くの日本人が、日本の組織の会議は非効率的で、メンバーのやる気をそぐものという印象を持っているかもしれません。上意下達、忖度、根回し、事なかれ主義、シャンシャン総会などの言葉が表すように、現代の日本の多くの会議が、すでに決定済みのことを全会一致で承認するための場、あるいはすでに決定済みのことを周知、報告する場となっています。

会議を通じて創造的なアイデアや戦略が生まれ、一人一人のメンバーのやる気と実行力が高まると聞いても、にわかには信じがたいかもしれません。

一方、欧州では古代ギリシャ以降、民衆が集い議を尽くすことで様々な意思決定を行い、民主主義を発展させてきました。そのための場は「アゴラ」と呼ばれています。日本語でアゴラは「広場」と訳されています。このような議を尽くし、意思決定するに当たっての場の重要性については、多くの人が認識するところでしょう。

また、今でこそ日本でも一般的になっている「ワークショップ」は、歴史を遡れば中世ヨーロッパにおいて、職人たちの作業場、工房という意味を起源とします。その後、近代に入ってから演劇界や教育界で体験を通して、学習していくプロセス、その場づくりを意味するようになりました。現在では、ワークショップはビジネスの世界にも取り入れられ、イノベーションの創出に不可欠な共創型戦略立案、アイデア発想プロセスの場として広く浸透しています。

私は前職の博報堂に在籍していた2000年頃から、日本のビジネス界にワークショップ手法を取り入れ、共創型の戦略立案を啓発するワークショップ推進プロジェクトのメンバーとして活動してきました。しかし、いまだに日本においては、共創型のワークショップは日常の会議とは異なる特別な場づくり、特別なイベントという印象が強いのではないでしょうか。

ワークショップを含め、欧米式の会議には、議を尽くして、みんなで建設的にアイデアを生むという民主主義的なイメージがあります。しかし日本の会議には、一方的に周知する場、あるいは上位者が社員に対して、判断や意思決定を伝える場といったイメージです。

ところが日本の歴史をひもといてみると、欧米と同様、神話や古代史の中でも、みんなでアイデアを共創する「創発型会議」の重要性が語られています。そう、日本はもともと「(創発)会議の国」だったのです。

天岩戸《あまのいわと》伝説

まずは、皆さんご存じの日本創生神話の一つとして有名な天岩戸伝説です。

太陽を象徴する女神の天照大御神（アマテラスオオミカミ）は、弟の須佐之男命（スサノオノミコト）の乱暴狼藉《ろうぜき》にうんざりとし、「天の岩戸」と呼ばれる洞窟に隠れてしまいました。太陽神である天照大御神が隠れたことで世界は真っ暗闇となり、様々な災いが起こりました。天変地異、異常気象だったのかもしれません。

この国難を乗り越える、つまり天照大御神を岩戸から出すために、国中の八百万の神々が集まり、侃侃諤諤《かんかんがくがく》、議論を尽くし、対応策（戦略）を考えます。

天児屋命（アメノコヤネノミコト）が岩戸の前で祝詞《のりと》を上げ、天宇受賣命（アメノウズメノミコト）は、そこで乳房を出して舞いました。それを見た神々は大笑い。随分にぎやかで、楽しそう。天照大御神が気になって、岩戸を少し開けて外をのぞいた時、岩戸の陰に隠れていた力持ちの天手力男神（アメノタヂカラオノカミ）が洞窟をふさいでいた岩戸をゴロゴロと転がし、布刀玉命（フトダマノミコト）が鏡を使って洞窟の中を照らしました。天照大御神は洞窟の中から表に現れ、これにより世界に再び光が戻りました。

このように、日本神話では、アマテラスが天の岩戸に隠れた際に、国中の八百万の神が集まって相談したという話があります。日本の神様はそれぞれ専門性を持っています。アメノタヂカラオは力持ち。アメノウズメは芸能の神、アメノコヤネは言葉を操る占師、今でいうコピーライターかストラテジスト。フトダマは占師であると同時に剣や鏡など祭祀《さいし》に使う道具を扱うエンジニア。

多才、多彩な神々が集まり、国の一大事、問題解決のために知恵を出し合う。会って議り事をする。作戦、戦略を考え、メンバーの力を合わせて実行する。まさに「戦略創発会議」です。

神議（かむはかり）

出雲神話の「神在月《かみありづき》」の話も、みなさんよくご存じかと思います。

毎年10月、日本中の神様は出雲に集まります。日本中その土地から神様がいなくなるので10月は「神無月《かんなづき》」と呼ばれています。しかし、逆に出雲には日本中の神様が集まるので「神在月」と呼ばれています。

さて日本中の神様は出雲に集まって何をするのでしょう。彼らは年に1回集まって、その先の1年、国を、社会を、地域をどのように治世すればよいか、知恵を集めてアイデアを出し、作戦や戦略を考えているのです。この会議のことを「神議《かむはかり》」と言います。

先ほどの天岩戸伝説と合わせて、この2つの物語からわかるように、創発のためにはそれぞれの専門性や個性を持った「八百万の神」が集まることと、集まって自由で創造的にディスカッションをする「場」が必要です。一人でウンウンうなっていても、良い知恵は出ませんし、ましてや人や組織を動かすこともできません。「戦略を創造する」「人をモチベートして組織を動かす」――この二つを同時に解決する方法が神議であり、「戦略創発会議」です。

和をもって貴しとなす

聖徳太子の「十七条の憲法」も日本人なら知らない人はいないでしょう。その第一条「和をもって貴しとなす」という言葉はあまりに有名です。

でも、みなさんその意味を深く考えたことはあるでしょうか？「喧嘩《けんか》をせず、みんな和やかに、調和して、仲良くしましょう」という意味だと思っている人が多いかもしれません。もちろん、それも含まれているのですが、実は続きがあります。

【原文】

一曰、以和爲貴、無忤爲宗。人皆有黨。亦少達者。以是、或不順君父。乍違于隣里。然上和下睦、諧於論事、則事理自通。何事不成。

【書き下し文】

一に曰く、和を以て貴（とうと）しとし、忤（さから）うこと無きを宗（むね）とせよ。人皆党（たむら）有り、また達（さと）れる者少なし。ここをもって、或いは君父（くんぷ）に順（したが）わず、乍（また）隣里（りんり）に違（たが）う。然れども、上（かみ）和（やわら）ぎ下（しも）睦（むつ）びて、事を論（あげつら）うに諧（かな）うときは、すなわち事理おのずから通ず。何事か成らざらん。

【現代語訳】

和を尊重し、争わないことを宗（主義）としよう。人は皆、党派をつくるし、物事の熟達者は少ない。そのため君主や父親に従わなかったり、隣の人と考えが違ったりもする。しかし、上の者も和やかに、下の者もむつまじく、物事を議論していけば、自然と物事の道理にかなうようになるし、何事も成し遂げられるようになる。

天皇制の下での統治が大きな目的であり、儒教の影響を強く受けているため、君父に従うことをまず説いていますが、本質的にはこの第一条は民主的会議の精神を説いています。「人皆有黨」人皆党（たむら）有り。人はみな党派をつくる。現代でいえば、派閥や組織のサイロ化、セクショナリズムです。

「亦少達者」また達（さと）れる者少なし。物事の熟達者は少ない。党派を超越して物事の本質を見極めることができる者は少ないということです。哲学者の梅原猛氏は、達れる者について、著書『聖徳太子――憲法十七条』（1981年・小学館）の中で、「集団エゴイズムの超克」と表現しています。

「上和下睦、諧於論事、則事理自通。何事不成。」とは、上の者は穏やかに、下の者も仲むつまじく、上下の役割を超えて、知恵を出し合って、物事を議論して、課題を整理していけば、物事の道理、本質が自然と見極められ、新しいことも成し遂げられる、ということです。

これはまさに、当書で記している創発会議の効用と一致しています。

五箇條の御誓文

続いて、日本における近代の幕開けとなった、明治天皇が発布した「五箇條の御誓文」を見てみましょう。「原文」と「現代語訳（意訳）」は、明治天皇を祭る明治神宮のホームページから引用しました。

五箇條の御誓文

【原文】

一、広く会議を興（おこ）し万機（ばんき）公論（こうろん）に決すべし

一、上下（しょうか）心（こころ）を一にして盛（さかん）に経綸（けいりん）を行ふべし
一、官武一途（かんぶいっと）庶民に至る迄各（おのおの）其（その）志（こころざし）を遂（と）げ人心（じんしん）をして倦（うま）ざらしめん事を要す
一、旧来の陋習（ろうしゅう）を破り天地（てんち）の公道（こうどう）に基（もとづ）くべし
一、智識を世界に求め大（おおい）に皇基（こうき）を振起（しんき）すべし

【意訳（口語文）】

一、広く人材を集めて会議を開き議論を行い、大切なことはすべて公正な意見によって決めましょう。
一、身分の上下を問わず、心を一つにして積極的に国を治め整えましょう。
一、文官や武官はいうまでもなく一般の国民も、それぞれ自分の職責を果たし、各自の志すところを達成できるように、人々に希望を失わせないことが肝要です。

一、これまでの悪い習慣をすてて、何ごとも普遍的な道理に基づいて行いましょう。
一、知識を世界に求めて天皇を中心とするうるわしい国柄や伝統を大切にして、大いに国を発展させましょう。

（出所：明治神宮ホームページ）

第一条に会議の重要性が説かれています。続いて第二条では、身分の上下、つまり立場や役割の違いを超えてみんなで知恵を出し合うことの大切さが、第三条ではそれぞれの人がそれぞれの現場で職責を果たすためには、一人一人の想いや志を尊重し、モチベーションを保ち、高めることが大切だと説いています。第四条、第五条では、古い習慣にとらわれずに、物事の本質道理を見極めて、アイデアを出し戦略を組み立てれば、国は大いに発展する、と説かれています。

変革時に必要とされる「会議」の力

いずれも、天皇が国を統治するための方便と見ることもできますが、時代を超えて治世者たちが、国民が一番に守るべき原理原則として、みんなで知恵を出し合って問題解決に当たる会議の重要性について、第一条に掲げていることは大変興味深い事実です。天皇制の下の日本型民主主義の提唱ともいえるでしょう。

また、それまでの価値観が大きく崩れ、世の中が大きく変化しようとしているタイミングで、思い出したかのように「会議」の重要性が繰り返し語られています。天岩戸伝説は天照大神（太陽神）が、天岩戸に隠れた時です。単なる皆既日食という説もありますが、当時の日本人にとって大きな恐怖体験だったのでしょう。あるいは、火山の噴火で太陽が何日も隠れるといった大きな災害があったのかもしれません。

十七条の憲法は飛鳥時代です。外国から仏教という最新の思想が入り、それを受け入れることができない守旧派と大きないさかいが起きていました。蘇我氏と物部氏の争いです。

そんな中、守旧派を排斥した、蘇我氏と聖徳太子は、新しい思想である仏教の下で、改めて民が力を合わせ、知恵を出し合って新しい世の中を創っていくことを謳《うた》い上げました。

五箇條の御誓文は、明治時代、つまり近代の幕開けのタイミングです。幕藩体制が終わり、開国に伴い、海外から多くの技術、思想、新しい生活習慣、制度、価値観がどっと入ってきました。誰か一人が持つ知識では、新しい時代にふさわしい制度や各種システムを設計し、イノベーションを起こすことは難しいでしょう。身分に関係なく、それぞれの専門知識を持った者が集まり創発することで、新しい国づくりをする必要がありました。

そして現在。デジタル技術の進歩、AIの進歩で、社会が大きく変わろうとしています。化石燃料の長期大量使用により、地球環境や生態系は大きく崩れようとしています。国内に目を向けると、解決されない少子化問題が起点となり、働き手の不足、社会保障負担の増大、存続限界都市などの地域課題、社会課題が山積みです。いずれも誰か一人のカリスマの力で解決できる問題ではありません。様々な知識、専門性を持った人々の知恵を集めて創発することが必要です。八百万の神々の知恵を集めて国難に立ち向かい、新しい社会、新しいイノベーションを起こさなければなりません。

第9章

まず
WHYから始めよ
戦略創発の姿勢①

戦略創りのプロならできる戦略創発ファシリテーション

前編の「創発を促す会議の場づくり」や「進行術」については、ぜひ真似して取り入れてください。それだけで会議が活性化するようになるでしょう。特に「創発会議の場づくり」はすぐに取り入れることができます。「創発会議の進行」については、コツや経験に負うところもありますが、「ホワイトボードに全ての発言を書き出す」などは、比較的簡単に真似できますし、それを心掛けるだけでも、会議は活性化します。

会議が活性化すれば、チームの雰囲気も明るくなるでしょう。私がサポートしている会社で、「伊賀流会議」「伊賀流ファシリテーター制度」を取り入れている企業では、「会議が盛り上がるようになった」「普段も社内に会話が生まれるようになった」「チームが、会社が明るくなった」「組織に横連携が生まれるようになった」などの声が上がっています。

しかし一方で、「なかなか伊賀さんのように、整理し、構造化し、チャート化し、鍵となる言葉を見つけ、競争力があって、市場を切り開いたり、組織を動かしたりしていくような、コンセプト、戦略、ストーリーにまでまとめていくのは難しいです」と言われます。それはそうでしょう。30年間、様々な領域やテーマについて、課題解決のために何百案件もの戦略立案を行ってきた経験の賜物とも言える技です。「外から与えられた戦略、上から与えられた戦略では自分事化しない。みんなで創る、心動かす戦略創造」と言っていますが、創造的な戦略立案の方法論と技術を持った、戦略立案のプロが、ガイド、ナビゲーション、オーケストレーションするからこそ、「創造的な戦略をみんなで創る」ことができるのだろうと思います。

全ての企業に、経営企画、人事、研究開発、商品企画、マーケティング、広報、営業など、テーマは違えども、戦略業務は多々あります。それら戦略企画業務を、本当の事業のオーナー、あるいは当事者として考え、ＰＤＣＡを回す実践を積んできた、戦略家であれば、戦略（創発）ファシリテーターの役割を果たすことができるでしょう。

ゼロから学びながら戦略を考えていくことも、成長のために大事なことです。しかし「戦略立案」は、経験を積めば積むほど、その精度や確からしさは上がっていきます。視座の高さ、視野の広さ、視点の鋭さ、引き出しの多さなど、経験の蓄積に勝るものはありません。もちろんセンスはものをいいますが、学習と訓練、つまり経験がセンス不足をカバーしてくれます。経験を積んだ戦略プロフェッショナル（戦略マエストロ）が、監督を務め、戦略共創（協奏）をオーケストレーションすれば、戦略のレベルも、立案の速度も、メンバーのやる気も上がり、チームの団結力も、実行力も高まります。

分析や施策の精緻化は専門部署に任せる

コンサルティング、戦略、マーケティングなどと聞くと、堅っ苦しくて、小難しいことのような気がするかもしれません。戦略コンサルタントがまとめる分厚い戦略書は、データも文字も多く、複雑で目を通すことも、理解することもかなり骨が折れます。いくつもの分析フレームワークが出てきて、結論になかなかたどり着きません。そのフレームワークも年々複雑で細かいものになっています。

ビッグデータを活用したマーケティング分析などは、生活者を細かくセグメントしたり、クラスタリングしたりできるため、一般の人間が俯瞰して理解できる範囲を超えています。

今後そうした細かい分析や打ち手の繰り出しは、AIがやってくれるようになります。どんどんAIに任せていきましょう。

人間が理解し、覚えて扱える分類・分解は、せいぜい5～6個。最大7個くらいまでではないでしょうか。ベストは「3」でしょう。3つのCとか、日本三大○○とか、よく目にすることがあります。それだけ心に残りやすいのです。戦略フレームワーク、マーケティングフレームワークも年々複雑化しています。「9つのセグメンテーション」「8段階の○○フロー」のように、精緻に分類・分解して考えることも重要です。それら細かな分析は、専門の部署やAIに任せましょう。

複雑で扱いにくいフレームや解析を仕組み化して、専門性を高めることでビジネス化するのもコンサルティングビジネスのやり方です。一般のビジネスパーソンでは扱うことが難しい精緻な専門ナレッジを提供してくれます。一方、みんなで戦略を創るため、戦略創発のために扱うフレームワークの多くは、昔からあるとてもベーシックで本質的なものばかりです。

本書の趣旨は、企業の経営力を高めるために、老若男女、多才、多彩な関係者が集まり、みんなで創造的な戦略を創ることで、各部門部署の現場メンバーが戦略を自分事化し、各現場でモチベーション高く活動し、横連携して施策実行する組織文化を（最小労力で）創ることです。長い時間と労力、コストをかけて、１００点満点の緻密で分厚い戦略書、分析書を作ることとは異なります。80点レベルの戦略を最短距離、最小労力で創り、後はそれぞれの現場で磨き上げて１００点を目指します。最小労力で80点に導くガイド、ナビゲーション役が戦略創発ファシリテーターです。

この章では、私が戦略ファシリテーターとして、意識している戦略創発の姿勢を紹介していきます。「みんなで創る戦略」のための視点、立案発想のためのスタンスです。

まずＷＨＹから始めよ

現在、マーケティングはＨＯＷが中心になっています。マーケティングと言えば、データマーケティング、デジタルマーケティング、ＷＥＢマーケティング、ＳＮＳマーケティング、動画マーケティングなど、「○○マーケティング」のように施策領域が細分化しています。それに従って多くの専門会社が誕生し、様々なツールやアプリ、プラットフォームを提供しています。どのSNSを使って、どんなコンテンツを載せればよいのかというように、一足飛びにHOWの話になります。

マーケティングとは本来、事業戦略そのものです。自分たちは何のために存在していて（WHY）、誰のどのようなインサイトを捉え（WHOM）、自社のどのような強みを使って、どのような価値を提供するか（WHAT）、そのためにどのような手段を活用するか（HOW）、という一連の仕組みを考えることです。

しかし、現在HOWが〝肥大化〟しています。手段が無数に出現していること、データを使ってそれらの最適化や、一つ一つの手段の数値的効果が見える化されること、安価に実施できることなどがその要因でしょう。もちろん手段を使いこなすことができなければ、効果的、効率的に、人々に商品や情報を届けることはできません。しかし、WHY、WHOM、WHATが明らかになっていなければ、表面的な施策で終わってしまいます。

今の時代、WHOM、WHAT以上に重要な視点がWHYです。VUCA（ブーカ＝変動性・不確実性・複雑性・曖昧性）の時代といわれるように、社会は複雑化し、様々な課題

図表9-1　まずWHYから始めよ

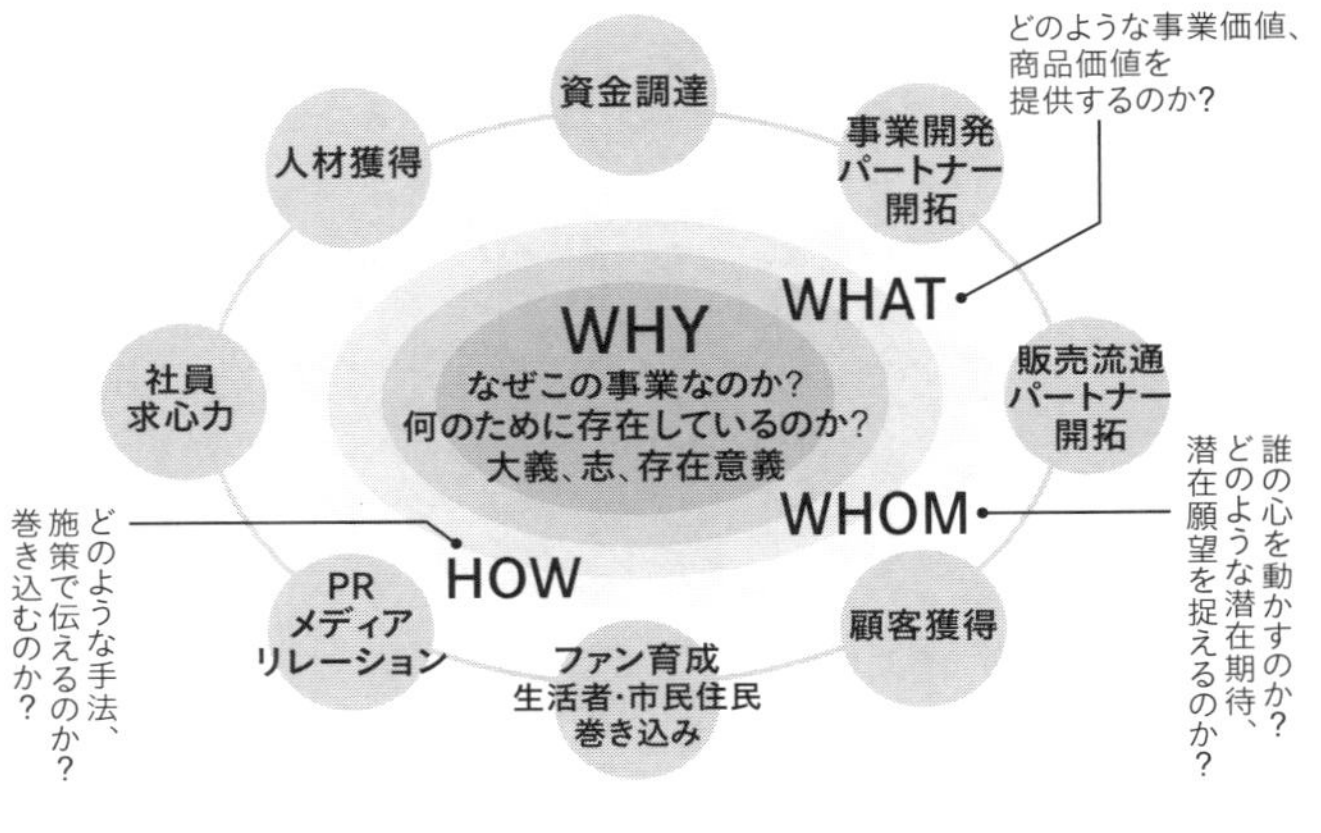

を抱えています。一方、次々と新しい商品やサービスが生まれ、競合は多く、うっかりしているとビジネスはすぐにコモディティー化していきます。HOWを考えているだけでは、その事業はすぐに消え去ってしまうでしょう。

そんな社会の中で、自分たちはなぜ存在しているのか？　何を成そうとしているのか？　社会にどう貢献するのか？　どのような存在価値があるのか？　ここから考えることがとても大切です。社会を市場や産業などに置き換えて考えてもよいですが、あらゆる市場、あらゆる産業は、社会を構成する要素ですから、今の時代、経営において〝社会〟の中で果たすべき役割、存在意義を考えることは不可欠でしょう。

事業の価値を創る、ブランドへの共感を得る、様々なステークホルダーから賛同を得て協力を募る、求人採用の際に会社への関心や共感を獲得する、離職や転職が当たり前になっている中で、組織への愛着やロイヤルティーを形成するなど、経営のあらゆる局面において、WHY（社会的価値、存在意義、大義・志）が問われ、WHYに応えることの重みが増しています。WHYが明確でない企業・組織は、人々や関係者の共感、信頼を得ることはできません。WHOM、WHAT、HOWも表面的なものにとどまり、経営に説得力が足りないものとなるでしょう。大きな視点で、自ら「問い」を立ててください。

創造的戦略立案に向けた姿勢、視点で大切なことの1点目は「まずWHYから始めよ」です（図表9－1）。

「ピープルイン」の発想でビジョンを語る

戦略創発の姿勢で大切なことの2点目が「ピープルイン」、人間中心の発想です。

よく聞く言葉に「プロダクトアウトからマーケットインへ」という戦略視点を語るワードがあります。ものづくり大国の日本は、なかなかプロダクトアウトから抜けきれません。自動車や機械といった形あるプロダクトに限らずＩＴツール、アプリなどのソフトウエア、様々なプラットフォームビジネスなどにおいても、自分たちの技術や性能をウリにして、伝達しようとする発想です。すごい商品、すごいサービスができたから買って買ってと、自分たちの技術や性能を主張します。日本企業の新商品発表会や事業説明会のほとんどが、この文脈で説明されます。

マーケットインは顧客や消費者など市場の声、ニーズを聞いて、それに応える姿勢でビジネスを行うべきであるという考え方です。お客様第一主義、消費者起点、生活者発想などが大切であり、そういったスローガンや理念を掲げる日本企業も多いと思います。しかし、そうした企業のどれくらいが本当にマーケットインになっているのでしょうか。数多くの企業とお付き合いしてきた経験からは、甚だ疑問です。

お客さま第一主義といっても、お客さまの要望は何でも聞くということではありません。また、消費者起点を言い訳にして、何でも消費者調査をしないと決められない企業もあります。調査データをむやみに信じて、経営の意思決定に使っています。言葉やデータの背景にある本質的な意味まで掘り下げることなく、表面的に捉えてしまっているのでしょう。「ピープルイン」もそう捉えられていく可能性はありますが、あえて顧客でも、消費者でも、生活者でも、マーケット（市場）でもなく、「ピープル」（人間）と言っているのは、全てのビジネス、全ての事業、全ての経営、政治や行政、地域マネジメントまで、ありとあらゆる活動が「人の心を動かす」ことで成り立っているからです。

人の心を動かし、共感賛同を得るためには、相手のことを深く理解することが大切です。不安や不満、期待や願望、声にならない潜在意識や深層心理まで洞察し、寄り添うことが欠かせません。その際に、顧客が抱える問題や課題（ペインポイント、機能ニーズ、機能インサイト）にフォーカスすることも大事ですが、それによって、どのような新しい生活や社会がもたらされるのか。夢や未来を語り、提示することは、人の心を動かすために重要です。それは前項の、なぜ自分たちは存在するのか？何を成し遂げるために存在するのか？の答えを提示することに通じます。

人はその商品、そのサービスのことばかりいつも考えているわけではありません。目の前にある不快不便を改善し、快適便利にすることも大事ですが、自分たちの生活や社会が今後どうなっていくのか、そこに自分がどう関わっていくのか、個人も自分の在り方（ＷＨＹ）を問うようになっています。「ピープルイン」と「ＷＨＹから考える」ことは切り離せなくなっています。

米アップルのスティーブ・ジョブズ氏をはじめとして、米国を代表する起業家は、技術や性能も熱く語りますが、それ以上にＷＨＹ、夢と理想を語ります。その結果、多くの人々の共感を集めます。ビジョン（夢）があるからこそ、それを実現するための技術や人材などが、彼らの下に集まってくるのです。

言葉の力が人の心を動かす

3点目は「言葉の力が人の心を動かす」です。ここでいう「人」とは、前項で記した通り、あなたのビジネスに関わる「全ての関係者」です。社会も、市場も、企業も人間の集まりです。それを社会、メディア、金融機関、取引先など、組織という枠や機構で考えるから、ビジネスや戦略が複雑で難しいものに感じられるのです。

社会や企業も、あなたと同じ「人」によって構成されています。社会や企業を動かすことは、結局「人の心を動かす」ことです。あなたの心が動くのと同じように、目の前の人の心をどう動かすかを考えることが大切です。分厚い戦略書があっても多くの人に伝えることは難しい。複雑なフレームワークで緻密に整理されていても、理解して納得できなければ使えない。膨大なデータが統計解析されていても、コンピューターの中では使いこなせても、人間の心を動かすには、現時点ではまだ何かが足りない。

やはり人間の心を動かすためには「言葉」の力が大切です。言葉といっても、抽象的か具体的か、概念的か現実的か、専門的か一般的か、長文で複雑か端的で単純か、などかなりの幅があります。

様々な関係者の知恵を結集することで、戦略創発し、組織をゾーンに入れるという観点からは、テーマや課題にもよりますが、みんなで使いこなし、みんなで共通議論ができるレベルの言葉であることが大切です。なるべく、具体的で、現実的で、一般的で、端的で単純な言葉を使いながら議論しましょう。最後は関係者（人）の潜在願望を捉え、自分たちの独自の魅力や価値、それに基づく戦略に対して、新鮮でみんなが共通認識を持てる魅力的な「言葉」（コンセプトコピー）を発見、創出することを目指します。「戦略」を語る言葉は、参加メンバーの誰もが現場に戻った時に、周囲の仲間に簡単に話すことができ、伝えやすい「物語」（戦略ストーリー）になっていることが大切です。

第10章

見えないものを見る力
戦略創発の姿勢②

戦略立案とは「分析」と「統合」の作業

分析とは物事を細かく分解して、理解していくことです。統合とは分解したものを新たな視点で再編集し、組み合わせていくことで何かを創造することです。国立研究開発法人産業技術総合研究所の安藤慶昭氏は、大学の講義やセミナーを通じて、人間とロボットを対比しながら「アナリシス（分析）」と「シンセシス（統合）」について次のように説明しています。

人間の構造を「分析」すると、その機能は脳や目、腕、手、脚などに細かく分けることができます。ロボットはその分析された機能を基に、センサーや機械部品、ソフトウエアなどを使って新たな視点で再編集・再構築したものです。これが「統合」です。

戦略立案も同じように、事業を取り巻く過去、現在、未来を分解、分析した上で、未来に向けた新たな方針や作戦を再編集、再統合する作業と言えるでしょう。

人には分析が得意（好き）な人と、統合が得意（好き）な人がいるようです。事業の精度を上げるためには、緻密な分析も必要かもしれません。しかし、分析だけ行っていても新たな創造は果たせません。過去、現在、未来と事業環境は日々変化し、その変数は無限にあります。分解しても分解しきれません。フレームを使ってあらかた分析したら、どこかで区切りをつけて統合に入らなければなりません。分析が得意な人と統合が得意な人が補い合って、共創創発することをお勧めします。

戦略創発に導く4つのステップ

戦略創発は大きく4つのステップで導かれます。これは一般的な戦略立案のプロセスと同じです。①現状分析（現状理解）、②本質洞察（要因／動因分析）、③戦略化、④施策設計といった流れになります（図表10－1）。

①現状分析は文字通り分析です。そして、③戦略化が統合です。④の施策設計では、③でいったん統合・収束したものを、様々な施策のアイデアとして拡散させています。戦略立案は分析と統合、収束と拡散を繰り返すことでストーリーを組み立てていきます。

図表10-1　戦略創発の道筋

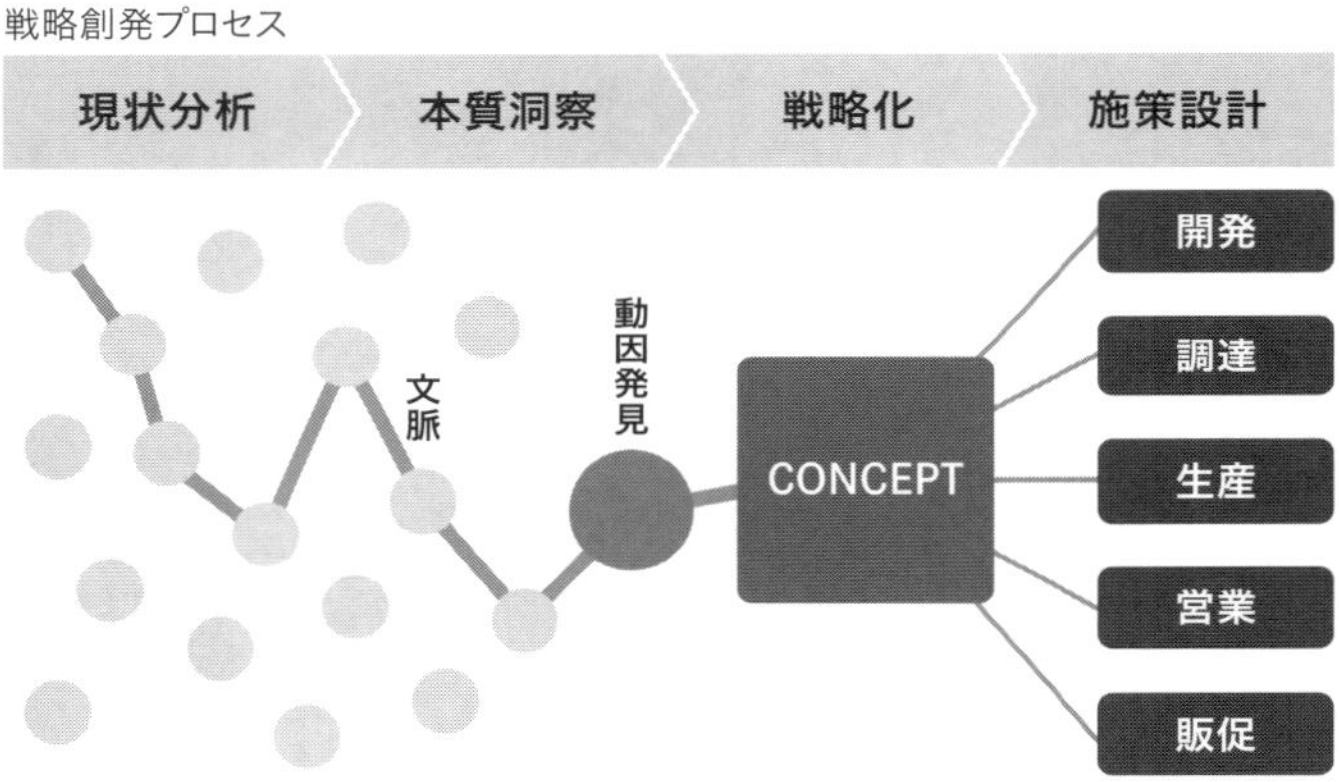

創発会議で行う戦略立案も同様です。分析と統合、収束と拡散をメンバーで繰り返します。その相互作用、相互触発を通して、メンバー間にグループダイナミズムが生まれていきます。

②の「本質洞察」は、現状をもたらした要因を分析し、新たな戦略を考えるために物事を動かす動因を発見するステップです。実効力の高い創造的な戦略を生むためには、この本質洞察が欠かせません。分析から統合につなげるための「見立て」と言えます。ビジネスを取り巻く様々な事象の中で、どのように文脈を見立て、物事を動かす動因を発見するか。ここは特に「センス」が問

われる部分でしょう。

各ステップにはコツがあります。分析のコツ、洞察のコツ、統合（戦略化）のコツ、発想（企画）のコツです。多くの〝戦略家〟が、分析から発想まで自分なりの視点、自分なりの型を持っているのではないでしょうか。先人たちも、すでに様々な型（フレームワーク）に形式知化してくれています。順に、分析フレーム、洞察フレーム（発見フレーム）、統合フレーム、発想フレームと分類することもできます。

以下、この章では「現状分析」と「本質洞察」における私なりの検討姿勢について説明していきます。

ビジネスを取り巻く環境から「文脈」を見立てる

戦略創発の最初のステップは「現状分析」です。事業を取り巻く様々な環境について、

図表10-2　文脈を見立てる

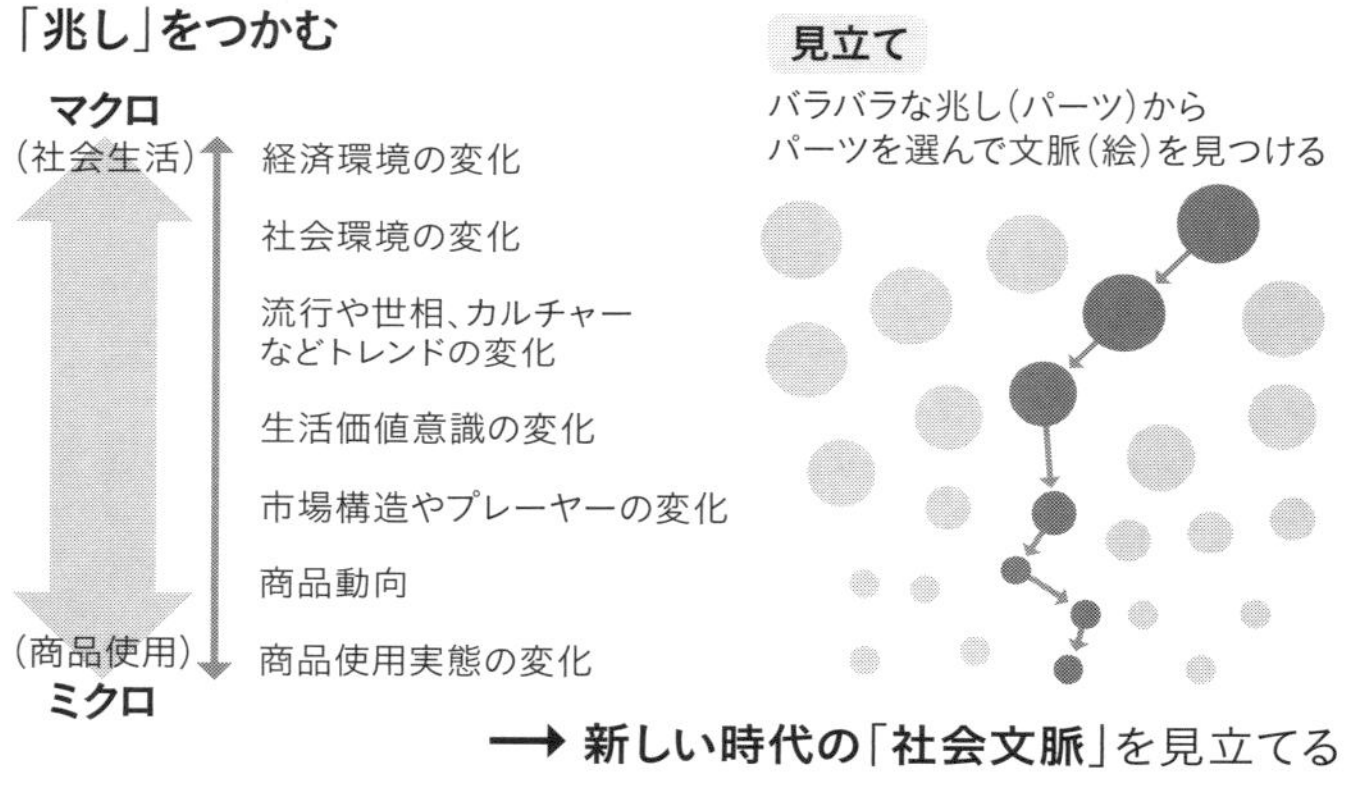

情報を集め、データを集め、事象を集めていきます。マクロ環境からミクロ環境まで、社会動向や技術動向、政策や経済動向、文化トレンド、話題の映画やドラマ、生活意識や消費行動の変化、ヒット商品、市場の変化、競合動向、買い方使い方の変化、認知理解やブランドイメージなど、世の中のありとあらゆる情報があなたのビジネスに関係しています。

しかし、やみくもに情報を集めたり、何の問題意識や仮説も持たずただボーっと事象を眺めたりしているだけでは、何も気付くことができません。それら一つ一つの事象は、何らかの「兆し」です。何かのサインと考えましょう。

そして一見バラバラに見える事象と事象の間に、何か関係はないだろうかと観察し、アンテナを立てておく必要があります。無数にある事象や情報の組み合わせの中から、ピンとくるもの、何か気になる組み合わせ、関係性を見いだしていく姿勢です。それらが複数つながって、点と点が線となるのです。

ビジネスを取り巻く環境から、自分なりの視点、解釈で「文脈」を「見立て」ていくのです。「兆し」をつかみ、新しい時代の「社会文脈」を見立てましょう。ビジネス環境について、骨太な文脈、幹となる骨格を見立てられれば、自然と関連する枝葉も見えてきます（図表10－2）。

ＡＩを使えば、与えた数値データの範囲の中で相関関係を見つけることは可能です。しかし、世の中のトレンド、社会意識や人間心理など、数値化されていない様々な事象の間に思いもよらない因果関係を読み取ることは、当面の間は人間にしかできないでしょう。

本質を突く「動因」を見極める

戦略創発の第2ステップは「本質洞察」（要因／動向分析）です。第1ステップの現状分析を踏まえて、その状況や解決すべき問題や課題が起きている要因（因果）を掘り下げ、現状を打破し、第3ステップで打ち出す未来に向けた新しい方針、ビジョンを実現するための動因、物事を動かすための動因を発見していきます。

「分析」も「本質洞察」も、それぞれ適した「フレームワーク」を使います。その際、ビジネスの歴史、戦略論の歴史の中で、すでに確立されたフレームワークを使わない手はありません。

ただし、ここではフレームワークに当てはめて「整理する」ことが目的ではありません。創造的な戦略創発において重要なことは、フレームワークとフレームワークの間の「行間をつなぐ」ことです。

フレームワークを使って洗い出された要素、因子の中で、創造的な戦略創りにおいて重

図表10-3 動因を見極める

要な因子はどれかを見抜き、フレームワークAで見つかった「因子a」と、フレームワークBの中の「因子b」との相関、さらには因果などの関係性を考えます。続けて因子a、b、c、d、e……の文脈（筋）を見立てながら、物事を動かす「動因」、人の心を動かす「動因」、事業にドライブをかける「動因」を見極めます（図表10－3）。

物事を大きく動かすためには本質を突く必要があります。飛んで来るボールも、スイートスポットに当てて打ち抜けばホームランが生まれます。「核心」を突き「確信」が得られた時に、「革新」が生まれます。こういった姿勢で戦略プランニングし、戦略ファシリテーションしていきます。

普通とちょっと異なる「非凡子」に着目する

各種の分析をしていて、あるいは会議でメンバーの知恵を引き出しながら、あるいは生活者や関係者のインタビュー調査をしている中で、ふと気になる事象や発言が目に留まることがあります。何とも表現しづらいのですが、それまでの分析や議論には出てきていない、ざらついた感じ。あるいは新鮮さ。既知の事実や、それまで話題に上っていた一般的な視点ではなく、奇異な変数、事象、発想。普通とちょっと異なる平凡でない視点。

博報堂生活総合研究所では「非凡子」という言葉を使って、正規分布の両端にある〝外れ値〟扱いされるようなデータや事実に、新しい気付きがあると言っています。創造的な戦略を生み出すためには、この非凡子に着目する感覚が重要です。

戦略創発の第3ステップ、解決の方向を提示する「戦略化」においても非凡子発想は重要です。物事を分解・分析して、それを平凡に組み立て直すだけでは創造的なものは生まれません。非凡なものに着目し、これまでとは異なる非凡な再編集、再統合をするから、非凡で独創的な戦略が生まれます。

非凡子に着眼して、これまでにない、他社にない新たな戦略のストーリーを紡ぐのです。非凡子に着目し、これをつかむという姿勢を常に意識して戦略立案、戦略創発していけば、創造的な戦略を生み出すことにつながりますし、そのセンスが磨かれていきます。

ピープルインサイト　見えないものを見る力①

市場を動かす、社会を動かす、ビジネスを動かすためには、様々なステークホルダー（関係者）の心を動かす必要があります。つまり「人」の心を動かすということです。

「人の心を動かす」戦略を創出するためのコツがあります。それは「見えないものを見る力」です。見えないものを見る力には2種類あります。一つが「ピープルインサイト」です。そしてもう一つを「経営インサイト」と呼んでいます。インサイトとは「洞察」です。暗い洞を察して〝明らか〟にすることです。

マーケティングにおいては「生活者インサイト」という考え方があります。私は公益社団法人日本マーケティング協会で長年講師活動を行っています。日本に最高マーケティング責任者（CMO）を育てるマーケティング・マスターコースで「生活者インサイト」の科目を担当しています（図表10－4）。

図表10-4　見えないものを見る力　2つのインサイト

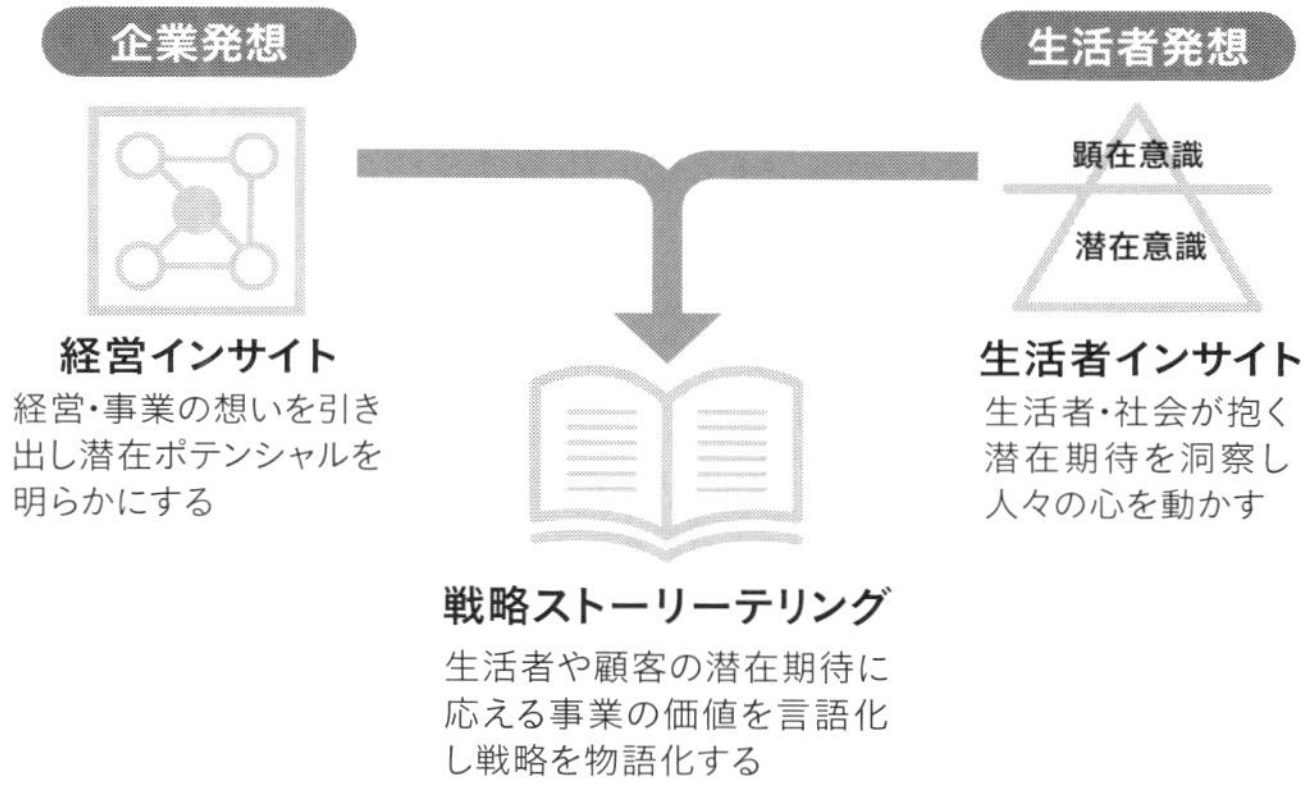
企業発想
生活者発想
顕在意識
潜在意識
経営インサイト
経営・事業の想いを引き出し潜在ポテンシャルを明らかにする
生活者インサイト
生活者・社会が抱く潜在期待を洞察し人々の心を動かす
戦略ストーリーテリング
生活者や顧客の潜在期待に応える事業の価値を言語化し戦略を物語化する

生活者の洞察は、マーケティングの一丁目一番地です。「生活者インサイト」と呼ばずに「消費者インサイト」「顧客インサイト」と呼ぶ場合も多いかと思います。しかし「消費者」や「顧客」は、人間の一側面しか表していません。「消費者」は生活の中の、商品やサービスを消費するという側面です。それに対して「顧客」は、自社の商品サービスを購入使用するという側面です。

人間は24時間３６５日、商品やサービスの購入、使用、消費をして暮らしているわけではありません。それ以外の様々な行動を行い、それ以外の様々な感情を引き起こしながら日常生活、社会生活を送っていま故に、生活まるごと、さらには人間まるごと、観察し、傾聴し、洞察して、深く理解する姿勢が重要です。

人間の日常生活、社会生活の中で、自社のビジネス、自社の事業、自社の商品サービスが、どのような意味や価値を持つのか深く洞察し、新しい意味付け、価値付けをし直す。人間の心の奥底にある深層心理、潜在心理を捉えた、戦略創造をするのです。人間の心を動かす動因、スイートスポットの発見、これが創造的な戦略を生み出すために最も重要であると私は確信しています。

「生活者インサイト」を私は次のように定義しています。

「生活者インサイトとは、アンケート調査（定量調査）やデータからは見えてこない、生活者の心の奥底にある潜在願望や潜在期待（本音）を洞察すること。それを捉えることで、生活者の心を動かすスイートスポットを発見し、市場を動かす事業アイデア、商品サービスアイデア、マーケティングやプロモーションアイデアなどビジネスアイデアに直結するホットボタンを発見することである」

では、「ピープルインサイト」とは何を意図しているのでしょうか？ 現在私はマーケティングコンサルタントとしてではなく、経営コンサルタント、事業戦略コンサルタントとして活動しています。広告会社の博報堂から独立して強く感じたことは、ビジネスを動かすためには「生活者」の心を動かすだけでは不十分だということです。事業を取り巻く、様々な「関係者」（ステークホルダー）の心を動かすことが必要だと、視野をより広く持つようになりました。つまり、生活者を中心に置きながらも、事業を取り巻く様々な関係者それぞれの潜在願望、潜在期待（本音）の洞察が必要であると。

その洞察の方法論は、生活者インサイトを把握する方法論と何ら変わりありません。生活者インサイトとは、一人の生活する人間の心の奥底にある本音をあぶり出すことです。その方法論を、様々な関係者の本音を捉えることに転用するだけです。全ての関係者は、ビジネスパーソンである前に一人の「人間」です。そのビジネスに関係する一人一人の人間の立場に焦点を当てて、深層心理を洞察する姿勢が大切です。

生活者を中心に置きながらも、それぞれの関係者（つまり人間）が抱く深層心理を洞察し、それぞれの関係者（人間）の潜在願望に寄り添って戦略を発想していく姿勢を「ピープルインサイト」と呼んでいます。

経営インサイト　見えないものを見る力②

ではもう一方の「経営インサイト」とは何でしょう。私が様々な経営者との対話を繰り返す中で強く感じたことは、多くの経営者が自分たちの「本当の強み」や「本当の価値」をわかっていない、言語化することができていないということです（図表10－4）。

「御社の強み（ユニークネス）は何ですか？」という質問に対して、多くの経営者が商品特徴や、技術特徴、あるいは単に高い品質とか、生産能力、営業力などと答えます。どこの企業でも当てはまるような一般的な言葉です。

「いやー、他社と同じような商売をしているので、特に強みはありません」などと答えられる場合もあります。芯を食った答えが一発で返ってくることは、ほとんどありません。

自分（たち）のことは、自分（たち）ではわからない。本当の強み（ユニークネス）というのは、実はそれが当たり前過ぎて、他と比較して考えることも、疑問に思うこともなく過ごしていることが多いからです。

ここでいう「本当の強み」とは、その事業を事業たらしめ、自社の独自性、他社との違いを生む「競争の源泉」のことです。表面的な商品特徴、技術特徴ではなく、それらの特徴、差別性、優位性、独自性を生み出す、背景にある様々な経営上の仕組みやメカニズムに加え、各種制度、文化風土、行動原則、思想哲学なども含みます。「コアコンピタンス」や「模倣困難性」も類似の概念です。これらは事業の次の成長を担うキードライバーとなるパワーです。

本当の強みは、経営上の様々なデータや数字と異なり、表面的に見えにくいものであり、それを明確にするには深い洞察と解釈が必要です。企業が持つ潜在的な可能性を洞察し、それを言語化、見える化（構造化）していくことで、組織メンバーで共通認識をつくり、自分たちが持つ成長ポテンシャルを再認識するのです。それが自信にもつながり、自社を信じられることにもなり、独自性ある戦略立案と戦略実行につながっていきます。組織をゾーンに入れるためにも「経営インサイト」の考察は、創発会議の中で、非常に重要なセッションとなります。

すでに自社の中にある手段、自社の保有資源に着目することが大切です。手持ちの手段をどう管理コントロールするかが事業成長を左右します。スタートアップ企業でも大企業でも同様です。全く手段や資源を持たない新規事業にトライしても、失敗の確率が高まるばかりです。企業規模が大きくなればなるほど、転用可能で有望な手段は、表面的な技術や性能にとどまらず、事業の仕組みや企業文化、制度など、見えづらい、言語化されづらいことである可能性が高まります。

「ピープルインサイト」（生活者を含む関係者インサイト）と「経営インサイト」。関係者がその企業やその事業、商品やサービスに対して抱く「潜在期待」と、その企業が潜在的に保有している本当の強み、つまりその企業の次の成長のための「潜在可能性」。この２つの「見えないものを見る力」が戦略立案、戦略創発の鍵になると考えています。

Column 2

「暗い洞を明るく照らす」
～四聖諦《ししょうたい》に見る真理に至る道～

無知が無明を生む

「輝け！お寺の掲示板大賞」をご存じでしょうか？　公益財団法人仏教伝道協会が、毎年、心を動かされた掲示伝道をX（旧ツィッター）で広く募集し、優秀な作品を表彰している賞です。掲示伝道というのは、寺の前に設置されている掲示板に、僧侶が考えた仏教の教えに関連する含蓄のある短い言葉を掲示しているものです。きっと見たことのある方も多いでしょう。

その輝け！お寺の掲示板大賞で、２０２１年に「仏教伝道協会賞」を受賞したパードレ

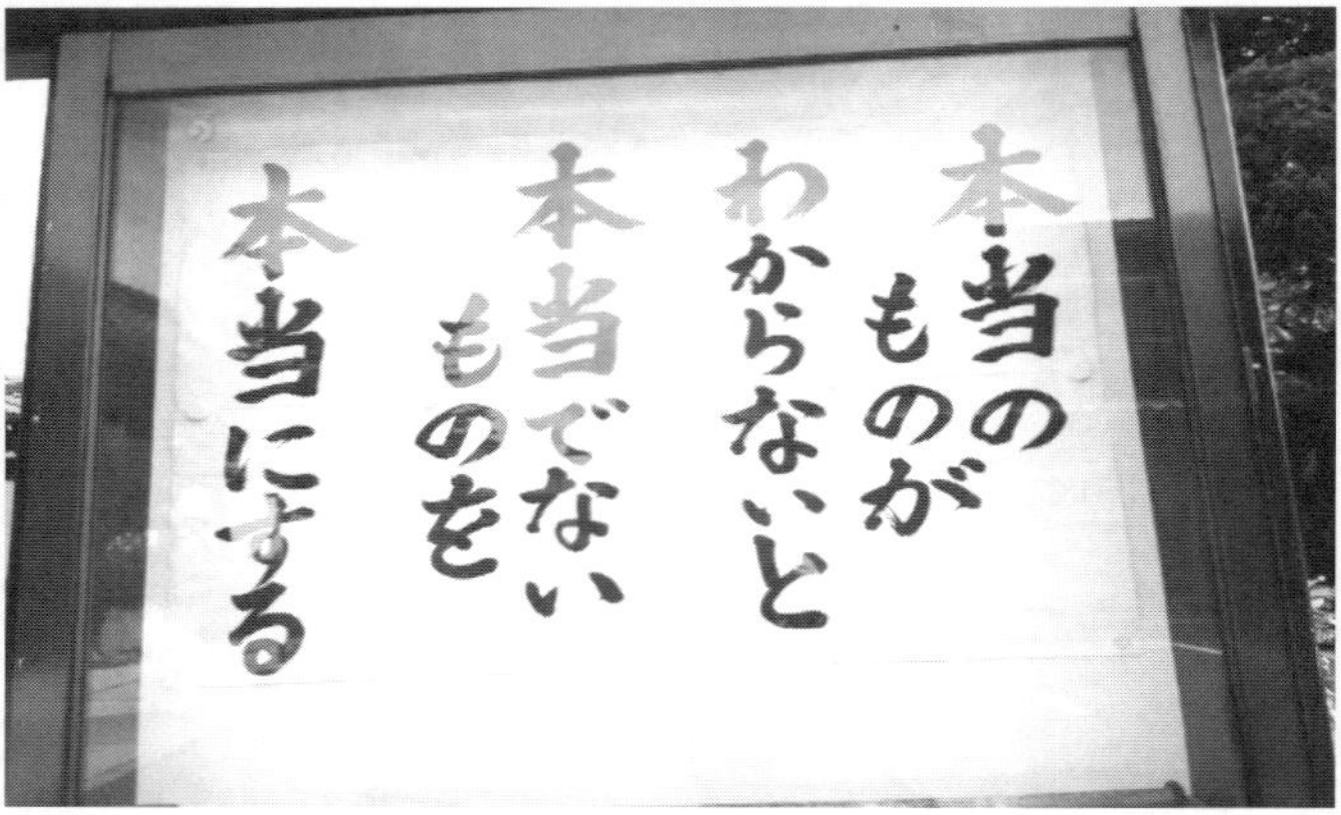

公益財団法人仏教伝道協会　輝け！お寺の掲示板大賞 2021 より
撮影者：パードレ @hiro5936
撮影寺院：万福寺（浄土真宗本願寺派・福岡県行橋市）

@hiro5936さんが撮影、投稿した言葉が、私の心を動かしました。

「本当のものがわからないと　本当でないものを　本当にする」

　これは浄土真宗大谷派の僧侶である安田理深《りじん》師の言葉です。「本当のもの」とは仏様の知恵のことです。「本当でないもの」とは、自分自身を過信することです。仏教の言葉で言うと、「無知」が「無明《むみょう》」を生むということです。無知とは、物事の真理や実相を知らない状態を指します。無明とは、無知に加えて、煩悩や執着によって真理を覆い隠している状態を指します。わからないものをわかったとする勘違い、あるいは過信が無明です。

それは、わからないことを認めたくない、わからないと言いたくない、あるいは私はわかっているという思い込みや執着した状態にあります。「諦められない」「諦めが悪い」状態です。「諦め」というと、自分の想いや願いがかなわず、仕方がないと断念することだと思われています。実は諦観、諦聴（じっくり見る、じっくり聴く）という言葉があるように、本来の意味は、「あきらめる」は「あきらかにする」なのです。諦められない、諦めが悪いのは、明らかになっていないからです。自分ができること、できないこと、自分が知ってることと知らないことが明らかになれば諦めることができるのです。

諦観、諦聴が物事を明らかにする

前記の通り、「インサイト」とは内側に潜む、見えないもの見えにくいものを見る力です。心理や真理を洞察する力です。わからないことを、わかるようにすることです。数字やデータは、これまでわからなかったことを、わかるようにしてくれます。

しかし、それが世の中の全てではありません。一番わからないものは人間の心です。消費行動、買い物行動、視聴行動は数値化できても、その背景にある心の動きはなかなか数値化できません。ましてや、人の集まりで形成される社会などというものは、全くつかみどころのないものです。

わからないことを少しずつ明らかにして、物事を動かす本質を明らかにするためには、物事をじっくり見て、人の話をじっくり聴く姿勢が肝要となります。観察、傾聴の上で洞察することです。

マーケティングでは純粋な心で生活者をリサーチし、インサイトします。また賢者識者、多才、多彩なメンバーの声に耳を傾け、共創創発します。自分一人の固執した考えや、自分一人の限られた情報では、物事の本質を見極め、それを捉えた戦略、進むべき道を明らかにすることはできません。様々な知恵を備えた賢者たちの考えを、じっくり傾聴する姿勢が大切です。「三人寄れば文殊の知恵」と言います。我々凡人は、多才、多彩な人々の知恵を集めて、初めて文殊に近づけるのです。

お釈迦さまの教え「四聖諦」

お釈迦さまは、苦行を重ねた上で悟りに至ったプロセスについて、4つの真理（4つの明らかなこと）として、「四聖諦」を説きました。お釈迦さまが行き着いた物事を明らかにしていく考え方の道筋、骨格は、創造的な戦略を導くプロセス、その道筋、骨格にも共通しています。お釈迦さまの悟りのプロセスに、俗世界の戦略創造のプロセスを重ねることは、笑止千万、僭越至極《せんえつしごく》ではありますが、真理を探究する本質的なプロセスとしてご理解いただければ幸いです。

1：苦諦《くたい》＝現状分析

「人生は苦である」という現状を理解します。人生には避けられない苦しみが存在し、誰もがそれに直面します。出生、老い、病、死といった基本的な苦しみから、愛別離苦（愛する人との別れ）、怨憎会苦（嫌いなものとの出会い）、求不得苦（求めても得られないこと）、五蘊盛苦《ごうんじょうく》（人間の存在を構成する五蘊に執着すること）といった苦しみです。

2：集諦《じったい》＝本質洞察

苦しみの原因について掘り下げ、物事の本質を洞察します。苦しみは貪欲、瞋恚《しんに》、愚痴などの煩悩から生じるとされています。これらの煩悩は、欲望を求めてやまない衝動的感情として現れ、苦しみを生み出します。苦しみという現状を生む原因要因が明らかにならなければ、解決の方向を示すことができません。

3：滅諦《めったい》＝戦略化（解決の方向、ビジョンの明確化）

苦しみの原因である煩悩がなくなれば、苦しみもまた消滅します。つまり悟りの境地に達することです。最終的な解放と平和を象徴しています。目指すべき方向を示します。戦略であり、進むべき方向、ビジョンの明確化です。

4：道諦《どうたい》＝施策設計実施

苦しみからの解放への道です。八正道《はっしょうどう》と呼ばれる実践的な道筋を通じて、苦しみの原因を断ち切り、悟りに至ることができるとされています。八正道とは、正見、正思惟、正語、正業、正命、正精進、正念、正定です。ビジョンに向かうための、施策や活動、行動です。

これらの四聖諦は、人生の苦しみを理解し、その原因を見つけ、苦しみを克服し、最終的には悟りを開くための道を示しています。仏教ではこの四聖諦を深く理解し、実践することで、人生の苦しみから解放されると教えています。釈尊はこれらの真理を最初の説法で説いたとされ、仏教の教義の大綱となっています。

創造的な戦略立案においても、現状理解⇓本質洞察⇓戦略化⇓施策設計実施のいずれかが不十分であれば、経営の苦しみ、社会の苦しみから解放されることはできないでしょう。もちろん私たち凡人がやることですから、お釈迦さまのように、なかなか真の悟りに至ることは難しいでしょう。どれだけ調べても、どれだけ考えても、どれだけ仕組みを作っても、どれだけ一人一人が動いても、完全なる問題解決、完全なる幸福を手に入れることは困難です。しかし、そのことをわかった上で、わかることとわからないこと、できることとできないことを明らかにした上で、わかった範囲で進むべき道を明らかにしていかなければなりません。それが社会の進歩であり、悟りへの道なのだと思います。

暗い洞を明るく照らす

独立して会社設立に当たり、私は会社名を「株式会社アキラカ」としました。日本の最高マーケティング責任者（CMO）を育成する、公益社団法人日本マーケティング協会のマーケティング・マスターコースで講師を行う私の専門性は「生活者インサイト」です。インサイトは日本語に訳すと「洞察」です。生活者の心という見えないものを見ることを追求してきました。

弊社のパーパスは、「本質洞察で、事業を地域を、美しく強くする」です。「本質洞察」とは、暗い洞を察して、物事の本質を明らかにすることです。従来のマーケティングや戦略は、他社との競争に勝つ、競合に勝つという意味合いであり、目標達成型、上からのけん引、リーダーシップ型のマネジメント（圧のマネジメント）でした。そのような「強さ」だけが求められていました。

一方、これからのマーケティングや戦略は、「美しく強く」なければならないと考えています。多才、多彩な人々の知恵を集めた共創により、持続可能な経営や社会を実現する。真の幸福（well-being）を追求する。真・善・美などの倫理を大切にしながら、美しく強く、あり方を変えていく。そのご支援をしたいと考えています。

企業が、地域が、社会が、進むべき道を明るく照らしていく。そのガイド役、ナビゲーション役、ファシリテーション役になれるよう、日々精進していきます。

第11章

現状分析 戦略創発の技術①

フレームワークは汎用性の高いものをアレンジして使う

この章からは、戦略フレームワークの使いこなしの奥義です。フレームワークになじみがない方は少し難しく感じるかもしれません。その場合は第11章、第12章は読み飛ばして、第13章に進んでください。

前章で説明した「戦略創発に導く4つのステップ」ごとにたくさんのフレームワークが存在します。本書では分析フレームワーク、洞察フレームワーク、戦略化フレームワーク、施策検討フレームワークの4つに分けて取り上げていきます。ビジネス環境が複雑になるに従い、新しいフレームワークが登場し、既存のフレームワークの進化系というものもあります。時代や市場に応じて型を改良し、活用するのは良いことだと思います。しかし、中には類似品や模倣品といったものもあり、フレームワークもコモディティー化します。

事業展開で求められる機能や専門性が複雑化し、それぞれの領域で新たなフレームが誕生します。ナレッジの汎用化、暗黙知の形式知化は、ビジネスの進化や社会の進化を促すことにつながるので良いことです。一方、各フレームが細かく複雑になり、精緻にはなっているのかもしれませんが、使いづらくなっているという印象を受けます。みんなで戦略ディスカッションをするには複雑過ぎたり、扱いづらかったりするフレームも多くあります。

みんなで戦略を創る、つまり戦略創発の際には、本質を突いた汎用性の高いベーシックなフレームを使います。数多くあるフレームワークを全て覚える必要はありません。ここでは、私が戦略プランニングや戦略ファシリテーションでよく使うフレームを紹介します。

私は一般的で本質的なフレームを、業界セクターや企業規模、置かれた状況などに応じて、少しアレンジして使っています（図表11－1）。実務家は事業の成功が目的なので、アレンジしながら、状況に応じてうまく使いこなせばよいと思います。楽譜に忠実に演奏する必要はないのです。コンダクターやマエストロの解釈を加え、柔軟に活用したいと思います。もちろんオリジナルへのリスペクトは忘れてはいけません。

この章では「現状分析」に使うフレームワークの、私流の使い方を紹介します。教科書通りに整理するということではなく、戦略を物語化していくために、このような見方、使

図表11-1　戦略創発のためのフレームワークの例

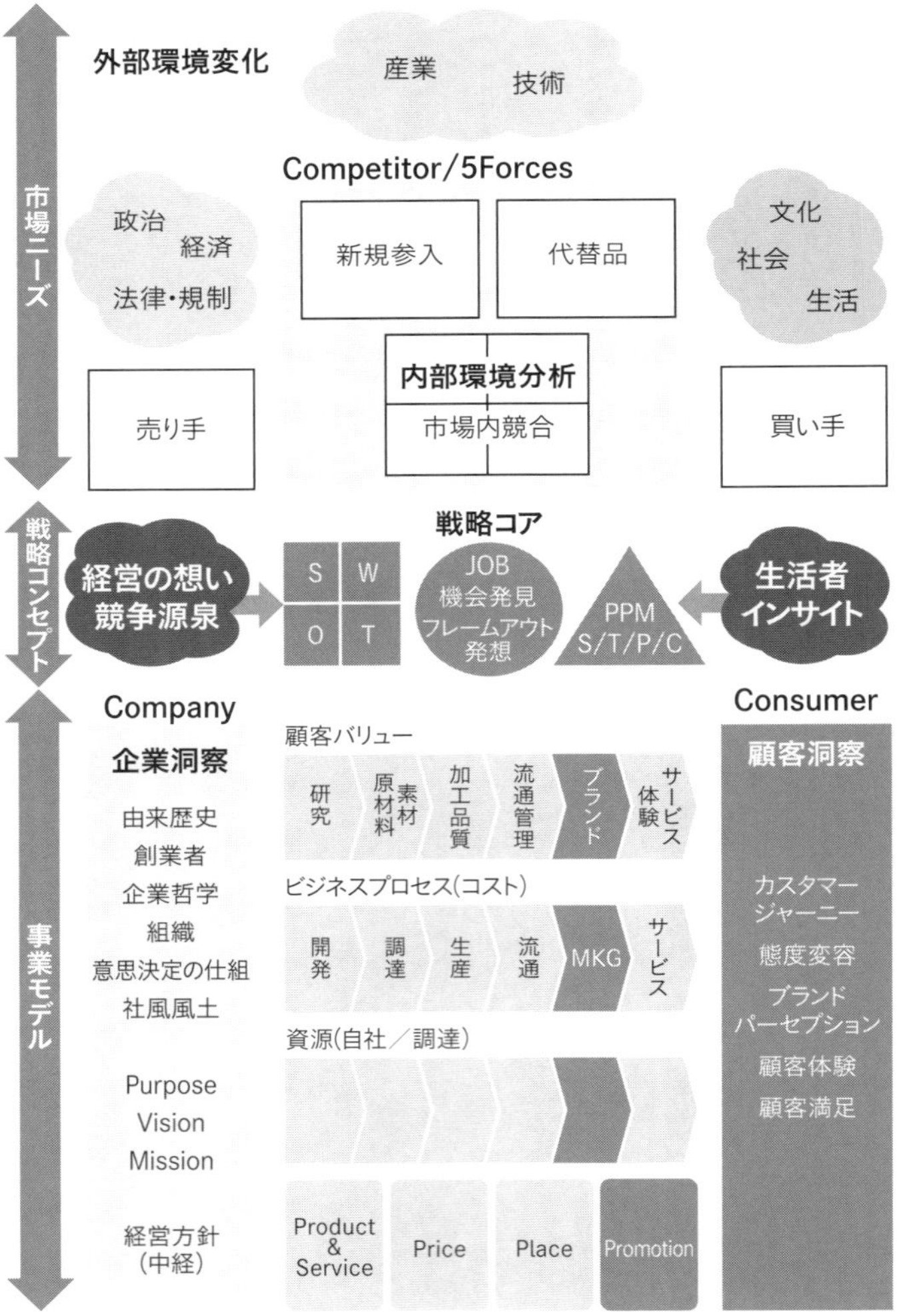

い方でフレームを使っているという視点を解説していきます。

未来の事業環境を理解する「PEST」の使い方

外部環境分析で使いやすいフレームが「PEST分析」です。PESTとは「Politic（政治）」「Economy（経済）」「Social（社会）」「Technology（技術）」のことです。このフレームを使って3年後、5年後といった未来の事業環境が、どのように変化しているかを洞察します。

未来洞察を精緻にやろうとした場合、シンクタンクやリサーチ機関にトレンド分析や未来の予兆収集を依頼したり、様々なデータベースにアクセスして資料収集を行ったり、バックキャスティングの手法を使ってビジョンワークショップを行ったりするでしょう。しかし、全体を80点レベルで戦略創発することを目標にした場合は、PESTのフレームを使って、ざっくり3年後、5年後の未来社会をイメージできれば十分です。様々な部門・部署から、様々な専門性を持ったメンバーが、また興味や関心が異なる老若男女が集まって持っている情報や知識を出し合えば、あるいはネット検索したりAIに尋ねたりするだけでも、80点が取れる未来洞察は可能でしょう。もちろん、すでに手元にある資料やデータなど、使えるものは使いましょう。

イノベーション検討プロジェクトの際、まずは未来洞察からということで、多くの時間と労力、コストをかけて調べます。もちろん、それはそれで意義のあることですが、そこに時間やコストを取られて一向に前にプロジェクトが進まない、取るべき戦略が具体化しないということもよくあります。外部環境分析においても、メンバーの知恵を集めれば、短時間で80点くらいの未来洞察が可能なのではないでしょうか。

さて、P、E、S、Tの中でどこに重きを置くかについては、業界や業種および業界内のポジションによって少し異なりますが、今の時代テクノロジーの変化を洞察することは避けて通れないでしょう。社会意識の変化もピープルインや生活者発想において非常に重要です。人が社会を創り、社会が人を創ります。業界業種によっては、政策や、経済によって事業が大きく左右されるという業界もあります。

現状分析の基本フレームワーク「3C／4C／5C分析」

3C（Company＝自社、Competitor＝競合、Consumer＝消費者）分析は現状分析を行う際の基本中の基本です。誰もが知っている分析フレームワークでしょう。マーケティングのフレームワークとしては、この3つで分析を進めるのが一般的ですが、経営戦略、事業戦略を検討する際に、避けて通れないCがもう一つあります。Channel（流通）またはCustomer（顧客）分析です。

DtoCなどダイレクト販売でなければ、多くのメーカーは卸や販売代理店経由の小売店での販売となります。メーカーにとって直接の顧客は消費者ではなく、卸や販売代理店、小売店といった関係者です。

マーケティングは消費者起点だからエンドユーザーのConsumerから遡って考えればよい、ChannelはConsumerに届けるためのLogistics（物流）に過ぎないと考えがちですが、メーカーからすれば日々顔を見ている直接顧客の力は大変大きいものです。ビジネスを展開する上で、最も重要なパートナーと言えるでしょう。マーケティングの教科書では現状理解のために3C分析が一般的に使われますが、4Cで現状理解を行うことが、多くの企業で納得度が高いように思われます。

新規事業開発がプロジェクトのテーマである場合は、もう一つのCとして、Collaborator（協力者・協働パートナー）を加えることもあります。協働パートナーの検討、協働パートナーの事情、協働先のインサイト（潜在期待）の洞察が重要だからです。協働先といっても、バリューチェーン全体のどのチェーンでの協働相手なのかは様々です。Collaboratorについては、バリューチェーンを使いながら細かく相手を検討するといった方法もあります。

このように一般的には3C分析ですが、必要に応じて4C分析、5C分析のフレームを使ってディスカッションします。

3つのC、4つのC、5つのCというフレームを使ってワークするというと、Cごとに情報を整理することに意識が向きがちです。しかし、このフレームを使いこなす重要な視点は、CとCの間の行間を読み取り、気付きや発見を得ることです（**図表11－2**）。

図表11−2 4C分析の使い方
CとCの行間の洞察が重要

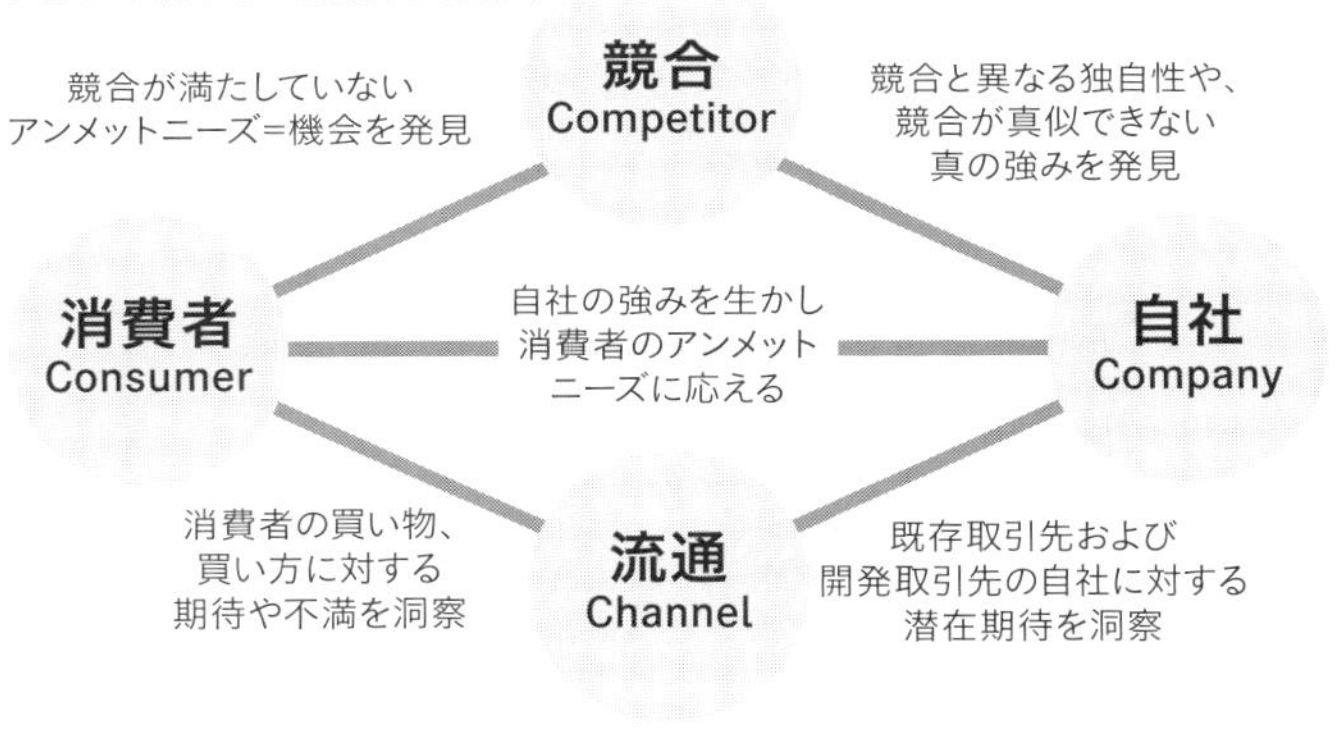

例えば「消費者と競合」では、競合の商品サービスで満たされていない消費者のアンメットニーズ（未充足の欲求）を発見できるかどうかが、創造的な戦略を生み出せるかどうかにおいて非常に重要です。ニッチを見つける、差別性のあるポジションを取る、ブルーオーシャンの市場に出るといったことが、創造性のある独自戦略となります。

また「消費者と自社」では、消費者がまだ満たされていないアンメットニーズを、自社のどのような資源や強みで応えることができるかを考えることです。

さらに「自社と競合」では、その提供価

値を、競合が模倣するのが難しい自社の真の強みによって提供できるかどうかを洞察します。それができれば、より強い独自性のある戦略、事業となります。

また、3C、4C、5Cの、どの順番で議論していくのかも、創発会議のセッションを組み立てる際に重要です。その企業、その産業の特性、状況などを鑑みて、どのような流れでディスカッションすれば創発が生まれやすくなるのかについて、その都度検討します。正解はありません。個別のケースごとに判断する必要があります。

なお、3C~5Cのフレームを使って、情報を整理するのが目的ではありませんから、このフレームを提示して、埋めて、一覧表を作るような作業は行いません。各Cは独立したセッションでじっくり掘り下げます。各Cを深く掘り下げるために、それぞれ有用な別のフレームワークを使います。この後、紹介します。

脅威となる外部プレーヤーの洞察　「5Forces」の使い方(1)

「5Forces」は「自社事業を左右する外部環境」(脅威となるプレーヤー)を、5つの主要な力に整理して認識するフレームです。しかし、戦略初心者には少し難しく感じるかもしれません。その理由は、本来異なる2つの視点（分析軸）が1つのフレームに搭載されているため、感覚的に違和感があり、少しわかりにくいためだと思います。

縦軸が競争環境の分析（Competitor）です。横軸はサプライチェーンの分析です。しかし一方で高い視座、広い視野で、プレーヤーの力関係を見る必要があることに気付かせてくれるフレームです。

どのプレーヤーが力を持っているか？　それが脅威だとすれば、どのような打ち手を行うべきか？　ライバルや面倒くさい取引先として、いがみ合って戦うのではなく、協働パートナーとしてアライアンスを組んだらどうか？　などの戦略発想を行うためにも活用します。

一般的には、5つの力は「業界内の競争」「新規参入の脅威」「代替品の脅威」「買い手の交渉力」「売り手の交渉力」と表現されています。しかし、普段戦略フレームワークに接していないメンバーで創発会議をする場合は、「業界内の競合」「脅威となる新規参入者」「脅威となる代替品」「交渉力の強い買い手」「交渉力の強い売り手」と表現したほうが、わかりやすくなるでしょう。細かいこだわりですが、みんなで戦略を創るための気配りです。それにより「脅威となる可能性がある外部プレーヤーを考える」という狙いがはっきりします。

このフレームの価値や意義を掘り下げて考えてみましょう。

1点目は、「現状把握」にとどまらず、「将来変化の予測」に有効であるということが挙げられます。業界の枠を越えたプレーヤーも視野に入れ、より広範囲な競争環境を洞察することができます。競争環境が複雑で不確実、予期せぬプレーヤーが出現し、外部環境がガラッと変わるような今の時代だからこそ、高い視座、広い視野で環境を俯瞰し、将来予測することが大切です。

カメラ市場を例に考えてみましょう。まず縦軸の競争相手です。フレームの真ん中が、既存の「業界内競合」です。ニコン、キヤノン、オリンパスなどです。一般的なフレームでは、その上が既存の市場への「脅威となる新規参入者」で、下が思いもかけない「脅威となる代替品」です。ニコンやキヤノンが牙城のカメラ市場（業界内競合）に、コニカミノ

図表11−3　5Forces分析の使い方

事業展開上、脅威となる外部プレーヤーの力を洞察する

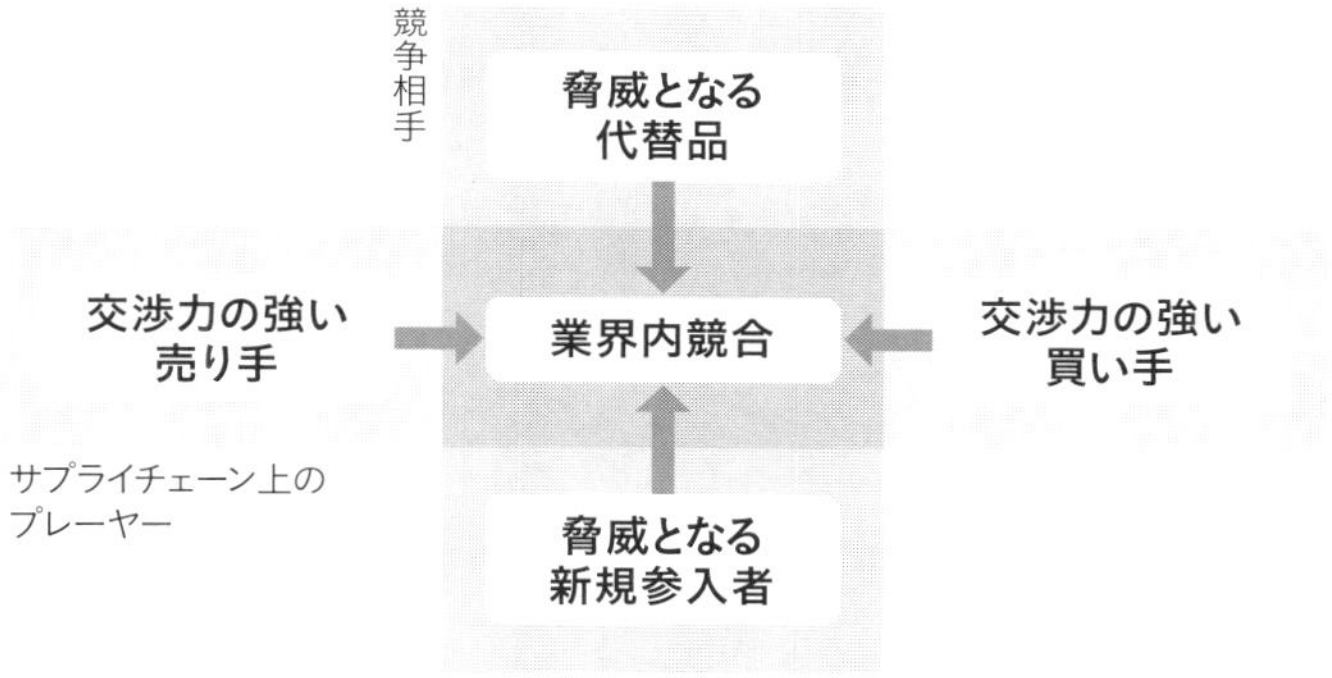

ルタからカメラ事業を引き継いで参入してきたソニーが「脅威となる新規参入者」です。また、カメラにとって変わろうとしている米アップルのiPhoneなどスマートフォンの出現が「脅威となる代替品」です。

私は競争相手の部分の上下を逆にして、上を「脅威となる代替品」、下を「脅威となる新規参入者」として使います（図表11−3）。今の時代のビジネスにおいて「脅威となる代替品」の発見が非常に重要と考えるからです。逆に新規事業開発を考える際に、新しく参入しようとする市場で「脅威となる代替品」を生み出すことができれば、市場を大きくひっくり返すことができます。今の時代、予期せぬ「代替品」は頻繁に出現します。産業や商品・サービスの際《きわ》、枠は溶解しつつあります。リアルのサービスがデジタルに置き換わっていくなどです。

次に横軸です。サプライチェーン上のプレーヤーです。ここでは「買い手」について考えてみましょう。「カメラ」ビジネスの買い手は、以前はヨドバシカメラやヤマダ電機といった家電量販店でした。家電量販店のように、数多くの買い手（プレーヤー）が存在し、群雄割拠で、独占的な販売シェアを持たない場合は、買い手の交渉力は相対的に下がります。他の販売店にスイッチすることが可能だからです。たくさんある販売店の中では、その店舗数、来店者数や、販売額の大きい量販店が、買い手の交渉力が強いということになります。

しかし、現在ではこの買い手の他にも、新しいプレーヤーが出現してきました。「Amazon.com」のようなECプラットフォームです。今ではアマゾンの交渉力は大きく高まっています。負けじとヨドバシカメラは自社ECサイト「ヨドバシ・ドット・コム」に力を入れて、再び交渉力を高めています。

さて、交渉力の強い「買い手」に対して、自社はどのような打ち手を取ればよいのでしょうか？ 場合によっては「競合」とアライアンスを組むことで、買い手に対する交渉力を高めるという戦略を発想すべきかもしれません。あるいはM&Aにより、自社グループの交渉力を高めるという戦略が必要かもしれません。5Forcesは俯瞰で洞察し、将来の脅威も洞察し、取るべき打ち手の発想にも使えるフレームです。

収益性とプライシングの検討 「5Forces」の使い方(2)

このフレームの価値、意義の2点目は、事業の収益性や価格について検討する際に有効であるということです。縦軸を考えてみましょう。「業界内競合」が多く、市場での競争が激しい場合、販売価格は下がり、収益性は低下します。また突然、画期的な「代替品」が登場した場合には、既存商品の価値は大きく下がります。むしろ、自分たちが持つ技術や強みを生かして、他の市場に独自性のある商品やサービスで「新規参入」したり、他の市場に「脅威となる代替品」としてリポジショニングしたり、付加価値化できるブルーオーシャン戦略を考えたほうがよいかもしれません。

横軸では、例えば希少な原料や部品を扱い、他に選択の余地がないような交渉力の強い「売り手」から少量の仕入れをしていては、原価が上がり、利益は圧縮されてしまいます。しかし、そこに自社の独自技術を組み合わせて、さらに付加価値を付けることができるなら、圧倒的競争力を持った商品として、より高い値付けで販売ができるかもしれません。「買い手」との交渉力はどうでしょう。他社では提供できない、独自性のある商品であれば、こちらの交渉力は高まります。一方、消費者から見て違いがわからないようなコモディティー化した商品であれば、他にも同様の商品を提供できる「業界内競合」がたくさんいるわけですから、こちらの交渉力は下がり、「買い手」から安く買いたたかれます。

私が共創支援（経営コンサルティング）をしていて感じるのは、プロダクトアウトの日本企業は、値付けがコスト積み上げ型になっている企業が多いということです。そこに戦略視点（競争視点、交渉力の視点）やマーケティング視点（顧客から見た価値視点）が欠けていることが見られます。そうした企業では5Forcesを使って、プライシング戦略をディスカッションします。

第12章
本質洞察
戦略創発の技術②

提供価値を見える化する「バリューチェーン」の使い方

この章では「本質洞察」に迫るためのフレームワークの使い方を紹介します。第10章で説明した2つの見えないものを見る力、2つのインサイトを発見するフレームです。まずは「経営インサイト」の発見からです。3C分析の中のCompany（自社）分析を基にした本質洞察です。表面的な数字やデータ、技術、商品など目に見えやすいものではなく、その背景にある目に見えづらい「自社の本当の強み」（競争源泉、模倣困難性）を見極め、それを組織内で共通言語化することが、創造的な戦略を創発し、組織をゾーンに入れるためのキードライバーになります。

この発見、洞察のために「バリューチェーン」をうまく活用します。一般的にバリューチェーンは、提供価値を見える化するためのツールです。このフレームを使いながら、顧客への価値提供が、自社のどのような機能、資源、業務プロセスによってもたらされているかについて棚卸ししていき、価値の源泉や事業の源泉、独自性がどこに端を発しているかを洞察していきます。

バリューチェーンの構成要素は産業セクターごとに異なります。創発会議で議論する際には、一般的な教科書に書かれているバリュー構成要素を、より細分化して使います。

例えば主活動は、企画開発→調達→製造→広告・情報開発→営業販売→流通配荷→店頭販売→アフターサービス→顧客管理などです。これに対する支援活動は、研究開発、人事労務、福利厚生、財務、設備装置、研修人材、知財、歴史、思想哲学、組織文化、ブランドなどとなります。

どのような構成要素によるバリューチェーンがしっくりくるか、まずはメンバー間での確認、合意から始めることが重要です。構成要素が納得できれば、個別の構成要素ごとに、保有する資源、強みや特徴を洗い出します。単に洗い出し、整理することが目的ではありません。洗い出しや整理をしながら、構成要素間、それぞれの保有資源間、強み間に何か関係はないか、見えない仕組みとなっていないかを洞察しながら、それが他社との競争の源泉、独自価値提供の源泉になっていないかを、見極めていきます。参考までに、ある番組制作会社におけるバリューチェーンの使い方の例を掲載しておきます（図表12－1）。

図表12−1　バリューチェーンの使い方

番組制作会社の場合

	情報収集・取材	コンテンツ企画制作	営業	広報・広告	配信・視聴	視聴データ解析
外部ステイクホルダー	自治体 地域産業 地域住民	制作会社 CATV事業者	CATV事業者	CATV事業者 一般生活者 加入者	CATV事業者 視聴者	
	※新たなアライアンス先（ビジネスパートナー）は?					
活用資源・強み	起源由来、思想哲学、社風、資金力、企画力、拠点数、視聴地域、チャンネル数、情報収集、ネットワーク、技術、設備、機材、コンテンツ、社員、人材、組織、チーム、スタッフ、パートナー、ネットワーク、採用、教育、商品展開、コンテンツ二次利用……					
	※今後の事業展開において、競合に対する競争源泉、模倣困難性（ビジネスの仕組み）は何か					
ビジネスモデル・収益機会	・どのような仕組みで儲けているのか ・今後どのようなマネタイズ機会（収益ポイント）が考えられるのか?					
	※新しいマネタイズ機会は考えれらないか?					

本当の強みを見極める「VRIO」の使い方

バリューチェーンを使って自社資源を棚卸しした後、その中から自社の本当の強み（模倣困難性、競争源泉）を見極めたり、発見したりする際に有効なフレームワークが「VRIO」です。VRIOは以下の頭文字を取っています。

- **Value（経済価値）**：その資源を活用して、高い顧客価値を提供できるか？ 付加価値や利益を生むか？
- **Rarity（希少性）**：その保有資源や構築できる価値は、競合になく希少性があるか？
- **Inimitability（模倣困難性）**：競合が模倣し、その資源や価値を獲得するのは困難か？
- **Organization（組織）**：資源を有効に活用するための組織体制（仕組みやルール、制度、運用体制など）は整っているか？

ただし、創発会議上でVRIOのフレームを使って整理することはあまり行いません。少し抽象度が高く、整理することに時間が取られてしまうからです。VRIOは要素を分解し、分析するための整理フレームとして使うより、複数の資源、要素によって構成される強みをストーリーとして理解し、本当の強みや本質の洞察、あるいは発見するためのストーリー化フレームワークとして使います。

資源の洗い出しは、バリューチェーンを使ってすでに終わっています。そのバリューチェーンをみんなで俯瞰しながら、戦略ファシリテーターが次のような問いを投げかけます。

「さて、資源の洗い出しが終わりました。みなさん、これを俯瞰して、自分たちの組織は顧客にどのような価値を提供していると感じますか？　顧客にとっての便益や喜びや感動です（Value）。その価値は競合には提供できない独自の価値ですか？　自分たちだけにしかない独自性がある提供価値は何だと思いますか（Rarity）？　その価値を提供することは、他社には簡単に真似できないことですか（Inimitability）？　他社に真似できないのはなぜですか？　自分たちの組織が持つ仕組み（資源の組み合わせ）のどこに強みがあるからですか（Organization）？」

「一つの資源、一つの強み、一つの特徴で、その価値が提供されているわけではありませんよね？　複数の資源、複数の強みが組み合わさって、他社に真似できない仕組みとか、体制とか、風土とか、思想とか、ＷＡＹとか、言葉になっていないルールとか規範とかが出来上がっているのですよね？　複数の要素、複数のファクトの関係に着目してください。それは目に見えるもの、すでに言語化されているものとは限りませんよ。みなさん自身が気付いていないような暗黙知かもしれません」

この問い、皆さんどのように感じますか？　先人によって、すでに整理整頓されたフレームワークを学ぶと、フレーム内の個々の要素が独立して存在しているかのような錯覚に陥ります。そのため個々の要素ごとに洗い出して整理し、一覧にして満足するといったワークになりがちです。それはフレームワークの使い方の本質ではありません。

本来はこの問いのように、１つのつながった物語なのです。先人が「競争の源泉」「模倣困難性」「本当の強み」を見抜くことが大切だと考え、それを発見するために4つの要素に分解して考えたほうが、それらを理解しやすいと考えたわけです。それを理論やフレームワークに落とし込んだというのが、私の解釈であり、私なりの使い方です。

多くの企業は自分たちの「本当の強み」がわかって（気付いて）いないし、ましてや言語化できていません。自分たちの本当の強みが明らかになっていなければ、次の事業の可能性（ポテンシャル）、勝ち筋ははっきり見えてきません。

「本当の強み」の発見は、他社には真似できない独自性ある戦略創出のために、重要な本質洞察です。そして、それをみんなで発見していく、みんなで気付いていく〝キラークエスチョン〟が上記の問いかけです。

VRIOのフレームワークを単独で使い、V・R・I・Oの4つの要素に無理やり整理するだけでは、このフレームの本質は理解できないでしょう。バリューチェーンを使って資源を棚卸しした後に、VRIOを踏まえた「問い」を投げかけて初めて、その本質に迫ることができると私は感じています。

生活者インサイトのためのフレーム

経営インサイトが社員を鼓舞し、未来に向けた戦略に自信や確信を得るために重要なキードライバーであるのに対し、生活者インサイト（消費者インサイト／顧客インサイト）は、生活者の心を捉え、市場を動かすために非常に重要なキードライバーです。

多くの日本企業はプロダクトアウトです。自社の技術や品質に自信を持っています。しかし、日本市場は競争が激しく、技術や数字など目に見えるものはすぐに真似され、いずれの商品もすぐにコモディティー化してしまいます。消費者生活者の満たされていない潜在願望を捉え、それに応えていくことが市場を動かすためには重要です。

しかし、生活者の潜在願望のような本音、深層心理を洞察するのは容易ではありません。アンケート調査やデータ解析から得られる結果は表層的です。

もちろんビッグデータ解析により、ターゲティングは精緻化され、ABテストでどちらのほうがより効果が上がるかを調べ、その効率性を図り、PDCAを回しながら運用する改善型ビジネスモデルは定着してきました。しかし、業務の効率化や改善は図れても、社会や生活者の潜在願望を捉えた、次の事業成長のための革新的なアイデアをＡＩで生み出すことは、今の時点ではまだ難しいように思います。

スタートアップなど起業の戦略においては、プロダクトマーケットフィット（ＰＭＦ）という考え方が存在します。市場や顧客のニーズにマッチしたプロダクトの価値が提供できているか、トライアンドエラーを繰り返しながら見つけていきます。顧客のペインポイントを見つけて、それを解決するという説明もよくなされます。

その際に気を付けたいことは、すでに顕在化している表面的なニーズやペインポイント、既存のプロダクトやサービスによって充足されているニーズやペインポイントを追っても、独創的な戦略にはならないということです。既存サービスではまだ満たされていない、顧客自身ですらまだ言語化できていない、潜在的な不満や期待を発見することが、独創的な戦略や事業につながります。

ビジネスを、市場を、消費者や生活者の心を、動かす「インサイト」の探索方法ついては、すでにたくさんの書籍が出版されています。私も日本マーケティング協会で生活者インサイトの講義を行っていますが、これだけで1冊本を書くことができます。ここでは、「社会生活インサイト」（価値インサイト）と「カテゴリーインサイト」（機能インサイト）というフレームの紹介にとどめます。

コーヒー飲料の新商品開発を事例に解説しましょう。

消費調査で消費者ニーズを把握しました。缶コーヒーのニーズは、①カフェイン効果による眠気防止、②覚醒集中作用、③場所を選ばずどこでもすぐに飲めること、④のどの渇きを癒やすの4つです。

これらはどちらかというと、缶コーヒーというカテゴリーが持つ〝機能〟への期待です。いずれも定量アンケート調査などから得られるものであり、すでに顕在化している期待と言ってもよいでしょう。インサイトを「まだ満たされていない潜在願望の発見」（未充足ニーズ）と定義するなら、これらはインサイトと呼べません。定量調査の結果やデータ解析の結果をまとめた調査結果のサマリーを、インサイトと呼んでしまっている事例もよく見かけます。

インサイト発見のためには、缶コーヒーの飲用からいったん離れて、生活者の観察から始める必要があります。その中で満たされていない願望を探るのです。

例えば、極端な生活場面を思い浮かべてみましょう。オフィスで、大画面高性能ＰＣのＭａｃに向かって、長時間作業している若手ＷＥＢデザイナーを想像してください。

「長時間のＰＣ作業で疲れたし、のども乾いた。ちょっと一息つきたい。どうせならカフェインを取って覚醒し、次の作業に集中したい。とはいえ、席を離れてわざわざ自動販売機まで行き、缶コーヒーを買って来るのは時間がもったいない。長い休憩で、集中力を途切れさせたくない。缶コーヒーだとすぐ飲み終わって、またすぐに買いに行かないといけなくなるので面倒だ。席にずっとコーヒーがあって、ダラダラちびちび飲んで、席で一息つけて、のどの渇きを癒やしながら覚醒して、集中力が持続できるといいのに……。そんなドリンクないかなあ」

こういった生活者インサイトを捉えてヒット商品となったのが、ペットボトルタイプの

「サントリーCRAFT BOSS（クラフトボス）」です（ただし、これは私の解釈であり、サントリーが発表しているわけではないことを、あらかじめ断っておきます）。

この場合「社会生活インサイト」は、「長時間作業の中で、のどの渇きを癒やしつつ、ちょっと一息つきながらも、仕事を中断することなく、集中力を途切らせることなく仕事の効率を保ちたい」。また「カテゴリーインサイト」（機能インサイト）は、「だから席で、チビチビダラダラ飲みながら、覚醒効果があって集中力を保てるドリンクが欲しい」です。

インサイトは人間の心の奥底にある声にならない声、潜在期待や潜在願望です。そのため「〇〇したい」「〇〇したくない」といった願望型で記述します。それは時に、声に出すのがはばかられるような、人間の「業」です。不安・不満・不便・不快（4F）、義憤・欺瞞（ぎまん）・疑心（3G）、本能・本望・本音（3H）です。そして既存の商品サービスでは満たすことができないアンメットニーズです。それまでの常識ではありえない、「こんな商品あったらいいな」と言うこともはばかられそうな、期待願望です。

コーヒーをペットボトルで販売するなんて、これまでの常識では考えられませんでした。しかもロングボトルで、大量の薄い味のコーヒーを、ペットボトルコーヒーでキャップを

図表12−2　生活者インサイトの使い方

大容量ペットボトルコーヒーが捉えた潜在願望

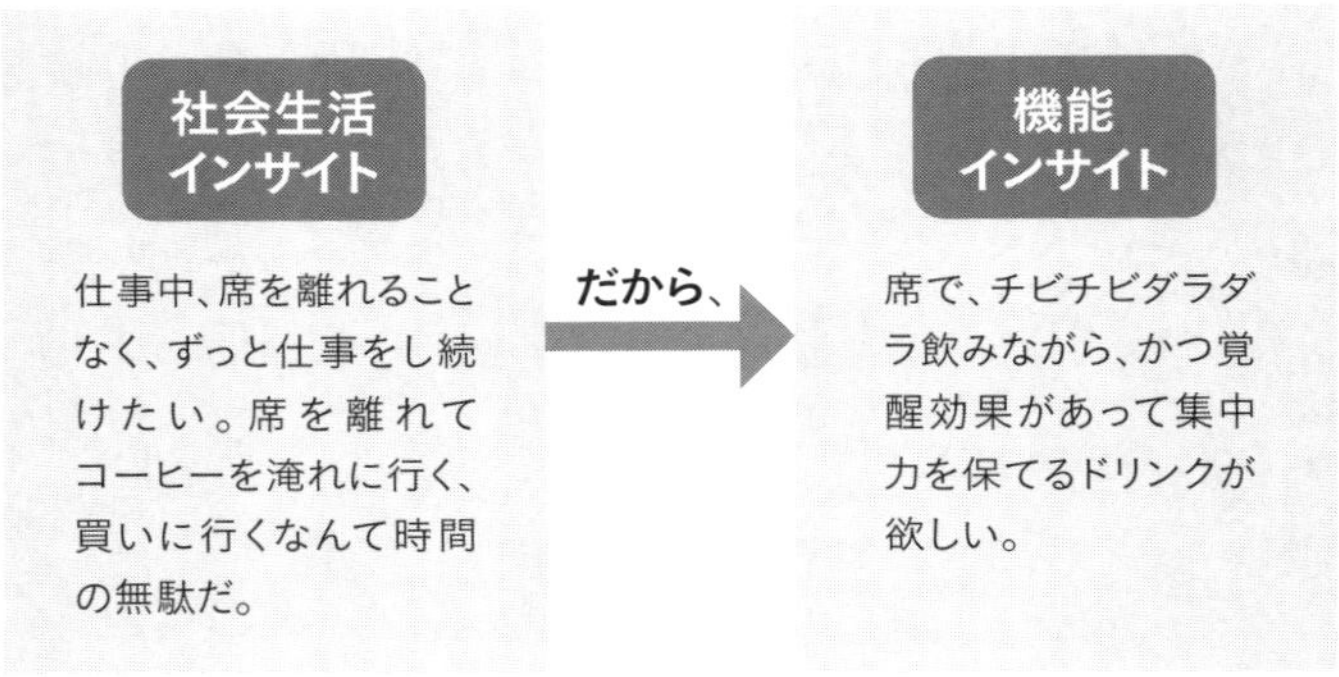

しながらチビチビ飲むなんて……。

さらに「私は、仕事中、席を離れることなく、ずっと仕事をし続けたいです。席を離れてコーヒーを淹れに行く、買いに行くなんて時間の無駄です」なんて願望、なかなか人に言うのが恥ずかしくて、口にしにくいでしょう。どれだけ仕事人間なんだと思われてしまいます。一般的なアンケート調査では、なかなか出てこない答えです。これも「業」の一種です。

図表12－2を見てください。社会生活インサイトと、カテゴリーインサイト（機能インサイト）は、接続詞「だから」でつながっています。本質洞察とは、原因、要因、動

因など因果関係の発見です。一つの文脈の発見でもあり、一つの小さな物語の再編集でもあります。

生活者インサイトは、背景にある社会生活の状況が重要なのです。社会生活の中で満たされていないニーズ、つまり潜在願望や潜在期待の発見。それに自社の本当の強み（経営インサイト）で応えていくことで、事業や商品サービスの新しい意味や価値を創造していきます。これが、創造的事業戦略立案の基本です。

本質を洞察する「SWOT」の使い方

「SWOT」は定番の本質洞察フレームです。現状分析を踏まえて、内部環境をStrength（強み）、Weakness（弱み）に、外部環境をOpportunity（機会）、Threat（脅威）に整理します。一般的な使い方は、課題や要件を網羅的に書き出していくことです。

さらに、その2軸をクロスさせて打ち手を考える「クロスSWOT」というフレームもあります。MECE（もれなくダブりなく）に打ち手を検討する際には有効でしょう。ありとあらゆる可能性を頭に入れて検討しておくことも必要です。しかし実際にみんなで戦略創発する際に、クロスSWOTでは計8個のフレーム（枠）を埋めていく必要があります。8個全部覚えられませんし、整理するだけでも時間がかかります。

私が戦略創発のためのSWOT分析で重視するフレームは、①機会、②強み、および③強みを生かして機会をどう攻めるか、の3つです。SWOTのフレームを使わずに、①～③だけ議論することもよくあります。他のフレームと同様、フレームを使って整理するというより、①②③をつなげてストーリー化、文脈化することで、本質洞察（要因／動因の発見）を行うために使います。使い方は以下の通りです。

① 機会

・PEST分析で市場環境がどう変化するか、未来の社会、未来の生活、未来の市場を見立てる。
・市場環境の変化に伴い、生活者意識、消費者意識がどのように変化するかを見立てる。
・競合分析を踏まえて、競合がまだ満たしていない未充足のニーズ（生活者インサイト）を見定める。

② 強み

・バリューチェーンやＶＲＩＯを使って、自社の本当の強み、競争源泉、模倣困難性がどこにあるか洞察する。（経営インサイト）

③ 強みを生かして機会をどう攻めるか

・未充足のニーズ（生活者インサイト）を捉えて、自社の本当の強み（経営インサイト）を活用して、どのように顧客に対して新しい価値提案、新しい意味の提案をするか、その戦略の方向性を見定める。（コンセプト化）

第13章

戦略立案＆施策設計

戦略創発の技術③

既存のフレームから飛び出す「フレームアウト発想」

この章では、戦略創発の4つのステップのうち、ステップ3「戦略化」とステップ4「施策設計」で使うフレームを紹介します。まずは「戦略化」のためのフレームです。

その1つ目は、既存のフレーム（枠）から飛び出して、創造的な戦略を発想するための「フレームアウト発想」です。これは私のオリジナルの戦略発想フレームです。既存の市場カテゴリーのフレームから外に出て、新しいビジネスの土俵、新しいフレームを創ろうという発想法です（フレームワークは戦略発想の「型」という意味ですが、フレームアウトは既存の市場の「枠」から外に飛び出るという意味です）。

フレームアウトは生活者インサイトを起点に発想します。前章で事例としたコーヒー飲料のインサイト「席を離れてドリンクを買いに行くなんて時間の無駄だ。仕事を中断せず、集中力を途切らせることなく仕事の効率を保ちたい。だから席で、チビチビダラダラ飲みながら、覚醒効果があって集中力を保てるドリンクが欲しい」を起点に考えてみましょう。

既存の商品やサービスのカテゴリーで、このようなインサイトの一部を捉えているものとしては「缶コーヒー」「オフィスコーヒーマシン」「水・お茶ペット飲料市場」「ガム・飴市場」などが挙げられます。

「缶コーヒー」は、「どこでも手軽にコーヒーが飲める」というニーズに応えています。しかし「量が少なく、頻繁に席を離れて買いに行かなくてはならない」という不便不快不満が残ります。

「オフィスコーヒーマシン」は「オフィスでホッと一息。ゆっくり本格コーヒーを楽しみたい」というニーズに応えています。しかし、缶コーヒー同様に「席を離れなければならず、仕事が中断されてしまう」という不便不満が残ります。

「ガム・飴」は、「席でかんだりなめたりすることで気を紛らわせる」ことはできます。しかし、缶コーヒーのような「覚醒効果」はなく、「のどの渇き」も癒やせません。

「水・お茶ペット飲料」は、「席を離れず喉の渇きは癒やす」ことはできますが、「覚醒効果や集中効果」はありません。

つまり「席を離れず長く飲める」「覚醒集中効果」「喉の渇きを癒やす」の、〈相反する、

図表13−1　フレームアウト発想™

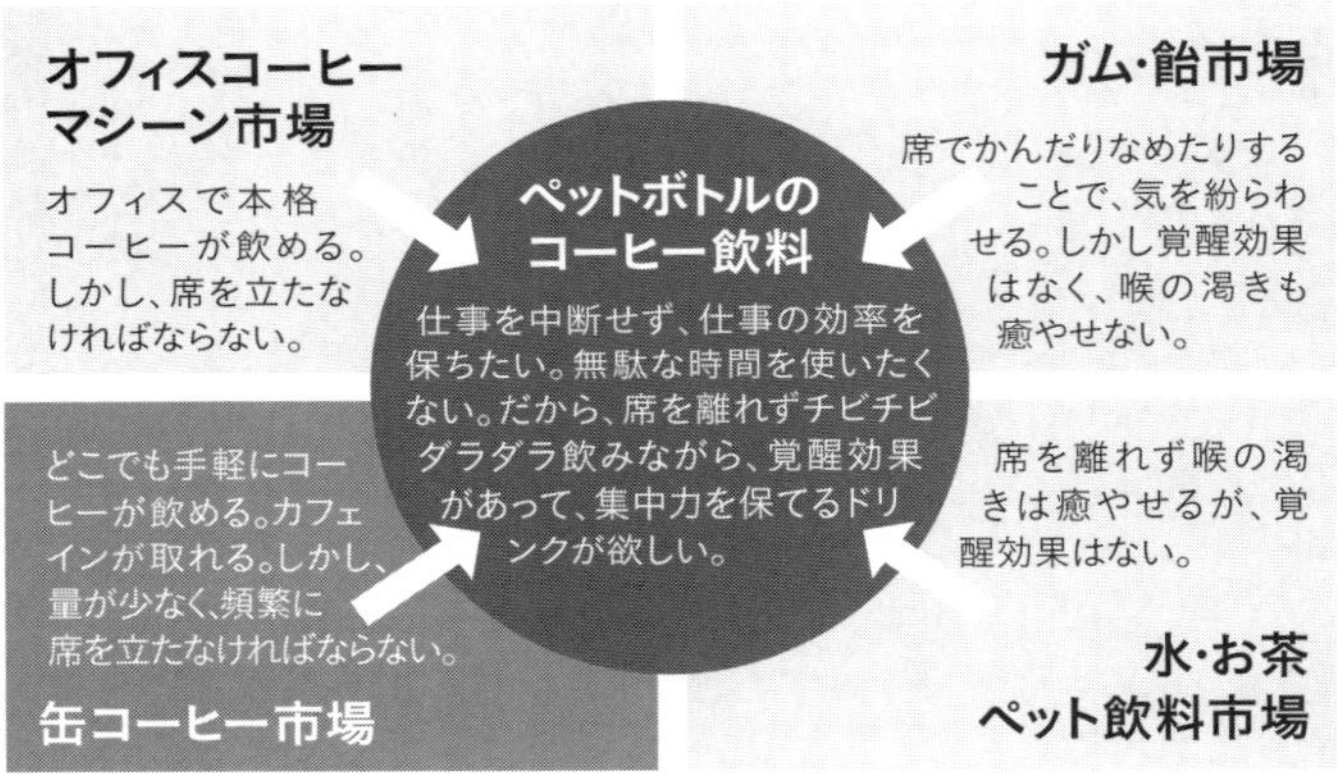
オフィスコーヒーマシーン市場
オフィスで本格コーヒーが飲める。しかし、席を立たなければならない。
ガム・飴市場
席でかんだりなめたりすることで、気を紛らわせる。しかし覚醒効果はなく、喉の渇きも癒やせない。
ペットボトルのコーヒー飲料
仕事を中断せず、仕事の効率を保ちたい。無駄な時間を使いたくない。だから、席を離れずチビチビダラダラ飲みながら、覚醒効果があって、集中力を保てるドリンクが欲しい。
どこでも手軽にコーヒーが飲める。カフェインが取れる。しかし、量が少なく、頻繁に席を立たなければならない。
缶コーヒー市場
席を離れず喉の渇きは癒やせるが、覚醒効果はない。
水・お茶ペット飲料市場

アンビバレントな）３つのニーズを同時に満たす、３つの価値を同時に持つ商品やサービスはこれまでなかったのです。

この３つのニーズについて、定量調査の回答結果が仮に各55％、43％、26％だったとしましょう。しかし、この３つがある特定の一人の満たされないニーズ、潜在願望として、定量調査の結果から想像できたでしょうか？　恐らくそれはなかなか難しいのではないでしょうか。深いインタビュー調査や観察調査からしか、特定の生活者の心の奥底にある潜在願望を見つけることはできないでしょう。

サントリーがどのような定性調査を実施

したかはわかりません。しかし、クラフトボスはコーヒーを「ロングのペットボトル」で提供することで、上記のインサイトのような未充足の潜在願望を掘り起こし、それに応えることで、従来の市場のフレームから外に飛び出し、新しい市場カテゴリー（新しいフレーム）を創造しました（図表13－1）。

フレームアウトは新しい価値提示と同時に、新しい顧客源泉をどこに求め、既存のどの市場から顧客をスイッチさせるのかの検討検証も可能にします。それにより新市場を創造します。

ヒット商品やヒット事業の多くは、フレームアウト発想で整理することができます。社会や生活者にとっての新しい価値を定義するための発想法です。「ポジショニング」という発想フレームもうまく使いこなせば、フレームアウト発想と同様の使い方ができます。

パラダイムシフト、レッドオーシャンかブルーオーシャンか、ニューポジショニング、ニューカテゴリーの創造、リフレーミングなど、これまで多くの戦略論、マーケティング論で語られてきたこと、それらが意味することも、本質的には同じことです。競争が激しい既存の市場カテゴリーの枠から飛び出して、自分たちの独自の価値を生かしながら、社会や市場に新しい価値提案を行い、これまで存在しなかった新しいカテゴリー、新しい土俵を創ろうという発想です。商品やサービスの開発であっても、既存商品のリポジショニングであっても、新規事業開発であっても、創造的な戦略立案の要が「フレームアウト」をはじめとしたこれらの発想法です。

コーヒー飲料は身近な商品開発の例ですが、地域のブランディングでも、社会課題解決のための社会的事業であっても、戦略創造、事業創造に導く戦略ストーリーの骨格に、大きな違いはありません。地域課題、社会課題を解決するために、既存の事業サービスでは満たされない未充足のニーズ、あるいは潜在願望（インサイト）を満たすために、自分たちの手中にある資源や強みを生かし、足りない資源は外部からの調達や協働を行いながら、既存のビジネスや商品、サービスのフレームからフレームアウトして、他にはない独自の価値を提供するという戦略ストーリーです。その戦略化の要がフレームアウト発想です。

「STP」の使い方+IC

STP分析は戦略発想の基本的なフレームです。それぞれSegmentation（セグメンテーション）、Targeting（ターゲティング）、Positioning（ポジショニング）の頭文字です。セグメンテーションは、広い市場をいくつかのセグメントに区分けして戦いの土俵を見定めていきます。後発参入であればあるほどセグメント発想は大事になります。競争が少ないニッチなセグメントを狙うことが、成功の確率を高めます。一般的にセグメントは機能特徴か、性別や年齢、地域などの属性で区切ることが多いかと思います。しかし、それではユニークなセグメントは生まれません。生活者の意識（ニーズやインサイト）や求める価値でセグメントする発想も重要です。

ターゲティングは、まさに狙う的を絞るということですが、これも性別や年齢、地域などのデモグラフィックな属性で絞るだけでは不十分です。また、すでに顕在化しているニーズでの規定であっても物足りません。やはりインサイトが大切です。

図表13−2　STP+IC

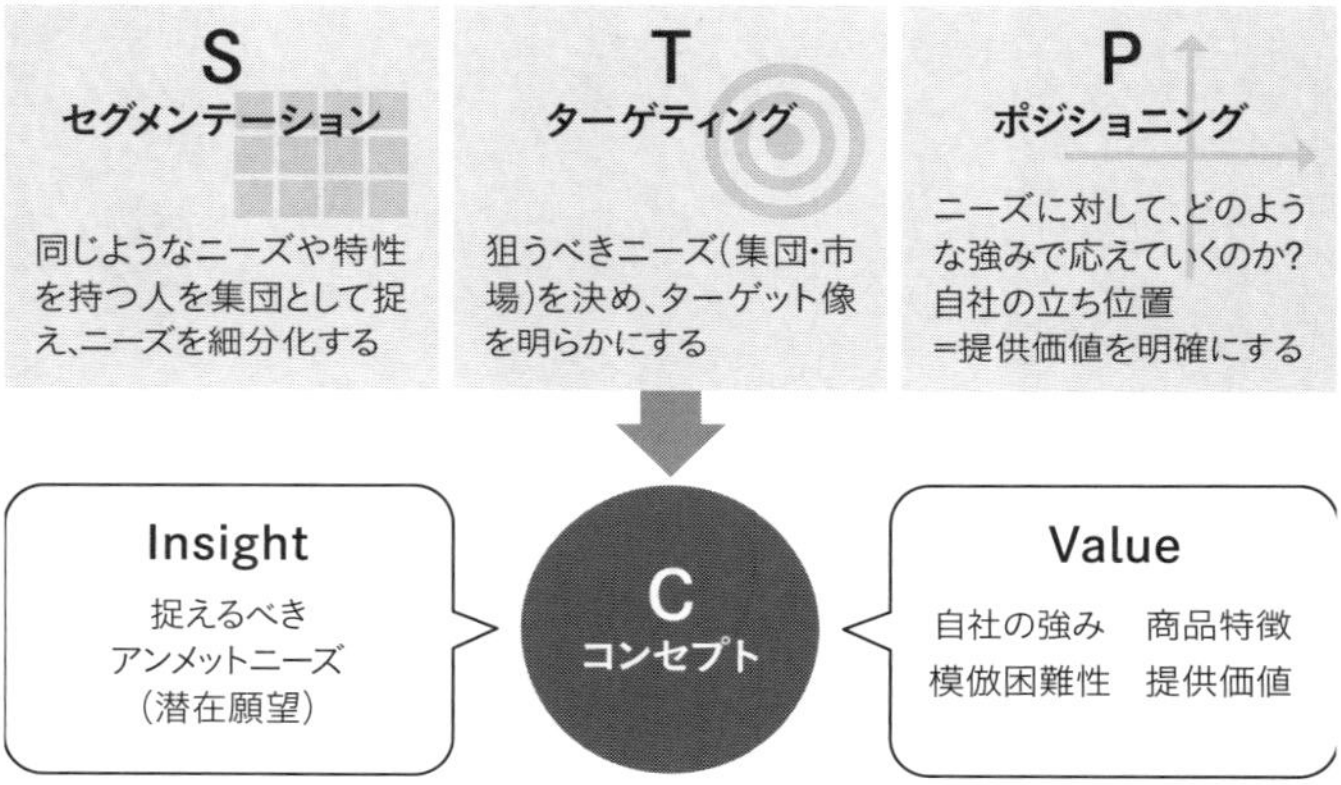

そこでSTPを拡張し、「STP+IC」で考えてみましょう（図表13－2）。ICのIはインサイトを表します。ターゲティングの精度を上げ、市場を動かす、ターゲットの心を動かす心理的感情的ドライバーを見つけることです。未充足ニーズや、潜在不満、潜在願望、潜在期待を明らかにすることです。

ポジショニングは、取るべき戦略、作戦の立ち位置を、競合や周囲のプレーヤーと比べて明確化することです。二軸のポジショニングマップで独自のポジショニングを考えます。提供価値やアイデンティティーの明確化でもあります。各軸は提供価値です。

顧客ターゲットが潜在的に求めている価値、競合他社では充足されない、全く新しい価値を発見し、それを2軸で表現します。同象限に他社が存在しないことが理想です。独自価値の提供です。既存の価値カテゴリーや価値セグメントの枠から飛び出すフレームアウト発想と、本質的には同様の戦略発想の方法です。

STP全てに言えることですが、技術や性能、商品特徴を基に整理してはいけません。顧客や生活者、社会が求めるインサイトや価値、意味を基に創ります。プロダクトアウトではなくマーケットインです。事業は社会や生活者の期待に応えることで成り立ちます。

次にSTP＋ICのCはコンセプトです。上記の戦略や作戦を簡潔にまとめたものです。コンセプトについては次の項で解説します。

魅力的な「コンセプトコピー」を考える

フレームアウト発想やポジショニング発想によって、新しい提案価値や戦略の方向が見えてきたら、それを魅力的な「コンセプトコピー」にします。戦略コンセプトを、シンプルかつ骨太で、関係者の関心を引いて心を動かすことができる、魅力的な言葉にすることです。

コンセプトコピーは広告表現で使うキャッチコピーとは異なります。〝戦略を一言で言うと〟といった、戦略名のようなものです。事業戦略なら事業コンセプト、ブランド戦略ならブランドコンセプト、マーケティング戦略ならマーケティングコンセプト、営業戦略なら営業コンセプトです。いずれも関係者が進むべき戦略の方向性です。

関係者に共通認識を持たせ、一つの方向性に向かわせます。関係者全員が共有する価値ワードです。従来の戦略とは異なる新しい価値、新しい方向性を示す必要があります。単に言い当てているだけでなく、新鮮で、興味を引き、かつ自分たちの本当の強みに根差すことで自信や確信を持つことができ、かつ顧客をはじめとした関係者のインサイトを捉え、心を動かすことができる。そんな未来への可能性を感じさせる言葉である必要があります。

魅力的なコンセプトコピーを、創発会議内でピシっと決めることは難しいでしょう。創発会議内では戦略や作戦を言い当てる、キラッと光る言葉の断片を集めることを行います。私が戦略ファシリテーターを務める場合は、集まった言葉の断片をいったん持ち帰り、次回の創発会議までにコンセプトコピーを考えて提示します。

戦略の本質を物語にまとめる「桃太郎メソッド」

これまで議論してきた戦略エッセンスを物語としてまとめます。少し長い文章の戦略ステートメントにしたり、3～5ページの戦略サマリー（戦略ストーリ）にまとめたりします。おとぎ話の桃太郎くらいの、誰でも覚えられて周囲に話せるような、シンプルで本質だけを取り出したプロットにまとめます。私はこの戦略化のためのフレームを「桃太郎メソッド」と呼んでいます。

● 「桃から生まれた桃太郎」――これは自分たちのオリジンの確認です。歴史や創業の想い、由来、企業の思想、哲学などです。

● 「鬼が島に鬼退治へ」――これは解決すべき社会課題、地域課題、産業課題、経営課題、事業課題です。社会や生活者が持つインサイト（潜在願望）を捉えます。

●「犬、猿、キジを連れて」――これは自分たちが持つ技術や商品・サービスの特徴です。しかし犬、猿、キジを動かすためには大切なもの、キードライバーが必要です。それが「きびだんご」です。

●「きびだんご」――これは自分たちの本当の強みです。競争の源泉であり、模倣困難性です。これを見抜く見極めることがとても重要です。独自性のある戦略を創り、チームメンバーが未来の成長に自信と確信を持てるようになるエビデンスであり、この共通認識ができるから、一人一人が動機付けられ、組織がゾーンに入ります。

●「鬼を退治して、村に幸せがもたらされました」――これは実現すべき、目指すべき将来像、未来像、つまりビジョンやコンセプトです。

コンセプトコピーとステートメントはセットで考えます。新規事業開発や新商品・サービス開発の場合は、事業や商品・サービスの開発指針、そして開発後の活動や施策展開の指針になります。経営戦略や事業戦略の場合は、経営ビジョンや事業ビジョンをコピー化ステートメント化します。また採用戦略やインナーブランディングがテーマの場合は、パーパスやミッションバリュー、行動指針などをコピー化します。手帳に入れて持ち歩けるクレド（信条）カードにすることもあります。

経営戦略策定、新規事業開発、新商品開発、採用ブランディング、企業ブランディング、広報戦略、営業販売戦略、地域課題解決、社会課題解決など、いずれにおいても基本的な戦略立案の姿勢、方法論、発想法は大きな違いはありません。ざっくり言うと、戦略発想のWHY、WHOM、WHATまでは、戦略ストーリーづくりの道筋は概ね共通なのです。HOW（手法、施策）が異なるだけです。

つまり、様々な部門や部署のメンバーが集まって、基本戦略を80点レベルで創発すれば、後はそれぞれの部門・部署で、個別施策（HOW）を磨き上げて100点を目指せばよいのです。それぞれの部門・部署で、WHY、WHOM、WHATを考えていては時間も労力も無駄です。ズレが生じて、施策が部分最適に終わってしまう恐れがあります。

施策設計で活用するフレームワーク

戦略がコンセプト化され、物語化されたら、いよいよ戦略立案の最後のステップです。「施策の設計・実行」です。具体的な実践、取るべき施策や活動、行動（ＨＯＷ）を発想し、棚卸ししていきます。当然、プロジェクトの目的やテーマ、解決すべき課題によって、考えるべき施策や活動の領域が異なるので、企画発想フレーム、施策設計フレーム、施策管理フレームなども異なります。

例えば経営計画の場合、戦略、財務、人事、採用、組織、制度、研究開発、調達、生産、マーケティング、営業、販促、広報、顧客サービス……など、施策検討が広範囲にわたります。「組織図」や「バリューチェーン」あるいは「ビジネスプロセス」といったフレームを使いながら施策を検討します。

新規事業戦略の場合は、「ビジネスモデルキャンバス」や「スキーム図」「バリューチェーン」あるいは「ビジネスプロセスマップ」「KPIツリー」などを使ってビジネス設計します。マーケティングの場合は「4P（製品、価格、流通、広告販促）／7P（製品、価格、流通、広告販促、人・要因、業務・販売プロセス、物的証拠）」、コミュニケーションの場合は「AISAS（Attention［注意］・Interest［興味］・Search［検索］・Action［行動］・Share［共有］）」、獲得型指標策定なら「AARRR（Acquisition［獲得］・Activation［活性化］・Retention［維持・継続］・Referral［紹介］・Revenue［収益化］）」など様々なフレームワークが存在します。

第3ステップの戦略化までで、関係する全ての組織が共有すべき目標や、進むべき戦略方向性、その骨格と筋が明確になっています。第4ステップは基本的な戦略大方針の下、各施策領域にどのような企画や活動、施策展開を行うべきか、どの専門部門がそれを担うのか、どのようなステップで実行プランを展開していくのか、どのようにKPI設定をしてPDCAを回していくのかなど、具体的に発想を広げて企画や計画を精緻化し、実行していくステップです。

ここでは詳細に触れませんが、領域ごとに様々な企画発想や目標管理のフレームワークが存在します。テーマや課題に応じてアレンジを加えながら、施策の方向性検討や企画検討に活用してください。領域ごとに専門性も分化しており、それぞれ専門家がいます。創発された戦略大方針の下、各専門の部門や部署に戻って施策を精緻化したり、外部の領域別の協力会社の手を借りながら、企画をさらに精緻化したり実行したりしていきます。

アイデアが広がる作戦名を考える

みんなで考える戦略創発会議で、施策や企画をどの程度まで具体的に検討するかはケース・バイ・ケースですが、80点レベルの精度で、施策方向性、取り組み方向性をみんなでイメージするセッションを行うことがよくあります。部署横断での取り組みや活動を検討する、一人一人の行動指針を考えるなどです。

その際に、「作戦名を考えよう！」というセッションを行います。第3ステップまでで創発した戦略方針（戦略コンセプト）の下、「組織横断で取り組むべき活動、展開すべき施策、一人一人が取るべき行動を、○○大作戦、○○プロジェクト、○○計画、○○活動などといった作戦名で考えてみよう！」というセッションです。

普通に「取り組むべき施策を発想してみよう」と投げかけると、メンバーは真面目にウンウンうなって考えるため、アイデアが広がりにくくなります。とても単純なコツなのですが、「楽しく面白い作戦名を考えてみよう！」と投げかけの言葉を変えるだけで、ディスカッションは大変盛り上がります。「夏のスコール大作戦」（短期間に集中的に予算投下する）、「松岡修造化計画」（一人一人熱い気持ちで取り組む、周囲を巻き込む姿勢）、「キリンの首は長い作戦」（俯瞰で物事を見る姿勢が重要）など、作戦名一つでアイデアが広がり、やるべきことがわかりやすく共有されます。

以上、フレームワークの使い方を中心に、会議を通じて創造的な戦略に誘う戦略創造の技術、そのエッセンスを、戦略立案の大きな4つのステップに沿って記しました。

繰り返しになりますが、フレームワークはその型に当てはめて整理することが目的になってはいけません。フレームワークに整理するだけなら、AIを使えばおおむねやってくれます。創発会議でAIに整理してもらったフレームワークを持ち寄ることから始めてもよいでしょう。

しかし、ＡＩは完全ではありません。デジタル化、データ化した情報しか扱えないので、最新の市場の動向や、人間や社会の現在のムード、つまり現在の人々の感情や心理、世の中のトレンドなどは、整理や推測に加味されません。何より複数のテキストデータを組み合わせて推計を行う場合、ＡＩが出す推計はその都度異なっていたり、間違えたりすることもあります。

人間が経営に関与していくのなら、関係する人間が自ら戦略を理解し、自分事化し、各施策各活動を自らコントロールしていくべきでしょう。そのためにもフレームワークの理解と使いこなしは重要です。フレームワークは物事を整理するための道具ではありますが、それ以上に、型と型を組み合わせ、事象や思考、論理を構造的に整理していくことで、本質を見極め、型と型の間の行間をつなぎながら、新しい戦略の文脈を組み立てる。再編集して、新しい戦略の物語を紡ぐために使いこなす必要があります。

どの型をどのように使うかのセンスや経験も必要です。常に同じ戦略が生まれるわけではありません。戦略は属人的であり、アートです。

戦略ファシリテーター（戦略マエストロ）は、様々なフレームワークの引き出しを持ち、業界や企業の立ち位置、状況や課題に応じてフレームワークを使いこなし、創造的な戦略に導くための有効なディスカッションを組み立てることが必要です。

また、本書では触れていませんが、戦略展開の成功と失敗のケーススタディーや、そこから学んだ定石なども駆使して、戦略創発をナビゲートしていきます。みんなで一緒に戦略を創っていくことで、参加メンバー、チームメンバー、一人一人のモチベーションを高め、組織連携を強め、組織をゾーンに導きます。戦略ファシリテーターは、創造的な戦略の創発共創（協奏）を通じて、組織を高みに引き上げるオーケストレーターです。

Column 3

「閃《ひらめ》きの瞬間」~あの人はなぜ〝天才肌〟と言われるのか~

すごいビジネスパーソン、いませんか?

世の中にはすごいビジネスパーソンがいます。カリスマといわれる実業家、プロデューサー、戦略家などなど。例えば、誰もが知っている名前を挙げれば、ソフトバンクグループの孫正義氏、ファーストリテイリングの柳井正氏、音楽プロデューサーの秋元康氏、クリエイティブディレクターの佐藤可士和氏などが挙げられるでしょう。彼らほど著名でなくても、あなたの身近なところにも、「あの人はキレる」「デキる」「天才肌だ」と感じる人はいるでしょう。

社会や市場を見通す力、現状を把握し課題を的確に読み取る力、ビジョンや戦略、アイデアの発想力、仕組みの構想力、人心掌握術や組織マネジメント力、的確に言葉にしていく言語能力、フットワークや行動力、駆け引きや交渉術、瞬時の判断力……。一般のビジネスパーソンからすれば、自分とは次元が違うと、天を仰ぐような気持ちで見ているかもしれません。トップクラスのビジネスパーソンは、これらすべての力を鍛え、統合的に使いこなしているかと思いますが、ここでは「戦略発想力／戦略構想力」に焦点を絞りましょう。

2種類のアイデア

「あの人はアイデアマンだ」と言われる人がいます。他にも「天才肌だ」「直感型だ」「右脳型だ」などと言われている人たちです。時にこういう人は、思い付きでコロコロ言うことが変わる、朝令暮改だと感じられ、陰口などをたたかれることもあるかもしれません。情報に左右されるばかりで芯がない、本当の朝令暮改は困りますが、刻一刻と変わる情報、あるいは新しく入ってくる知識によって、新しい気付き、新しいアイデア、新しい思い付き、新しい閃きが生まれているのだと思います。新しい刺激に対して、脳が反応しているのです。

私は広告会社で多くのクリエイターやストラテジストと協働してきて、アイデアのタイプ、アイデアを生み出す思考の傾向は2種類あると感じています。

一つはたくさんのアイデアが次々と出てくるタイプ。まさに「アイデアが中から湧いてくる」という表現が適しています。アイデアの軽重、優劣はあまり関係なく、なるべく数多く、アイデアを多様な視点で広げられる人です。この場合、数多くのアイデアの中から、採用決定プロセスで、筋の良いアイデアを絞り込んでいきます。

以前の会社では、新人クリエイターは「1回の打ち合わせに100案持ってこい」などと言われて鍛えられていました。5人いれば500案です。その中から筋の良いアイデアに絞り込んでいきます。どんなにつまらないアイデアでも否定されません。心理的安全性が担保されています。

そうした環境ですから、数多くアイデアを出すことで鍛えられていきますし、センスも磨かれていきます。さらに新人クリエイターが出したたくさんのアイデアの中から、キラリと光る原石を、先輩プランナーやディレクターが拾い上げて、磨いてくれます。見つけてもらった時は、天にも昇る気持ちです。

もう一つは、「アイデアが天から降りてくる」という感覚です。私はこの感覚を感じることが多々あります。「閃きの瞬間」です。「神の啓示」とか、「神が降りてきた」という表現もよく耳にします。

私は主にマーケティングに携わってきたストラテジスト（戦略プランナー）です。数字やデータもたくさん扱ってきました。様々なエビデンスを集め、それをフレームワークで分析整理し、ロジカルに戦略を組み上げ、クライアントや上層部を説得することを仕事としてきました。しかし、戦略の中核に位置する戦略コア、つまり戦略のコンセプトである戦略アイデアについては、ある時突然「天から降ってくる」のです。

私は協働していたコピーライターに、「叙情派マーケ」と名付けられました。マーケなのにデータやロジックに基づかず、感覚的、情緒的だ（そう見える）ということです。「長嶋茂雄型マーケ」とも言われました。ドーンとか、パシッとか、バッティング理論を擬音で表現する直感型の指導者になぞらえた表現です。私はマーケターとして、ストラテジストとして、最大の褒め言葉だと受け止めています（笑）。

戦略アイデアとは

ここでは、私がよく感じる「閃きの瞬間」の感覚について、分解して、言語化することを試みたいと思います。「創造的な戦略はどのようにして生まれるのか」という暗黙知の形式知化へのトライです。

ここで言う〝閃き〟とは「戦略アイデア」のことです。数をたくさん発想する施策アイデアや企画アイデアとは異なります。戦略アイデアですから、エビデンスに基づきロジカルで、社会や市場、ビジネスを動かしていくドライブ力がなければなりません。しかし、「降りてきた瞬間」はそのロジックが明確に認識できていません。けれども、それは単なる直感（ドタ勘）ではなく、筋が通った「直観」として、雷に打たれたように「これはイケる！」と瞬時に感じるのです。なぜイケるのか、この瞬間に言語化することはできていないのですが。

降りてくる時には「きっかけ」があります。その多くが誰かが発した「何か気になる言葉」です。これまで話していたことと少し感じが違う、何かざらついた言葉です。これまでの会話と何かが異なる、ギャップのようなものを感じる言葉です。

あるいは、ニュースや新聞、雑誌やWEBなどで見かけた、現在検討しているビジネスとは関係のない「言葉」です。それが検討中のビジネスにとっての「非凡子」となります。それらがアナロジーやメタファーとなり、今検討している戦略について「本質的な気付き」を与えてくれます。

例えば夏の夕暮れの会議室で、窓の外を見ていた誰かが「スコールが来そうだね」とつぶやいたとしましょう。私はこのように夢想します。

「スコールか。さっきまでピーカンだったのに、突然激しい雨が来て、全てを洗い流していくんだな……。そうかスコールだ！ 今この事業に必要なことはスコールだ！ 部分的に問題解決していくことではなく、また中長期的に取り組んで、少しずつ改善したり変革したりするものでもなく、この一瞬のうちに、短期間のうちに、過去のやり方や過去のイメージを一蹴、一新するアプローチが必要だ。3年かけて取り組んでも変化は出づらいし、わかりづらい。かといって半年から1年間もかけて荒療治を続けては事業がボロボロになる。1カ月だ、1カ月集中して予算を投入し、これまでのイメージを一新する施策を投入する。終われば、後はまた平時と同じ、通常に戻せばよいのだ。よし、今回の戦略は『夏のスコール作戦』と名付けよう！」

アイデアとは新たな情報に対する反応です。「アイデアとは、すでにあるものの新しい組み合わせに他ならない」（ジェームス・W・ヤング著、今井茂雄訳『アイデアのつくり方』／CCCメディアハウス）という言葉は有名です。アイデアとは情報と情報、知識と知識の組み合わせです。既知の情報と新しい情報の組み合わせと言ってもいいでしょう。その業界、そのカテゴリーにとっては異質なもの、非凡なものと組み合わせることが、独創的、創造的なアイデアや戦略を生み出すコツです。

閃きのプロセス

前記の例の場合、「スコール」が突然舞い込んできた新しい情報です。このメタファー（暗喩）が、アイデアが閃く「きっかけ」となりました。しかし、それ以前に収集していたこのビジネスに関する既知の情報、既知の知識がなければ、「スコール」という情報はただの天気の話題として流れていったでしょう。

ここでいう「既知の情報」とは何でしょう？まずは課題が必要です。例えば「事業の支持基盤を拡大する必要がある。40代男性から、20代男女の支持へ若返り、次世代化を図る必要」ということが課題です。その課題の下、様々な情報がすでに収集されています。戦略立案に必要な要素が分解され、すでに様々な分析フレームワークを使った分析がなされています。様々な観点から、市場環境、事業環境を俯瞰できる情報が集まっています。

しかしその段階ではまだ、筋のいい文脈やロジック、ストーリーが見えていません。多くの情報に埋もれて、まさに五里霧中という状況です。ただ、その担当ストラテジスト、戦略立案担当者は、四六時中このビジネス課題のことを考えています。問題解決するためにどのような打ち手、作戦、戦略を取ればよいのか。24時間考えています。2〜3方向のおぼろげながらの選択肢が頭の中に浮かんでいます。しかし、決め手に欠けるし、その像はまだ具体的ではありません。

そんな時に降りてきた言葉が「スコール」です。この言葉をきっかけに霧が晴れていきます。収集したデータやエビデンスの中で、重要な要素がくっきりと浮き上がります。エビデンスとエビデンスの関係性が明確になり、筋が通ってきます。どのボタンを押せば、関係する課題が連鎖的に解決されるか、その文脈が浮き上がってきます。社会や市場や事業を新しく動かす動因、本質課題を見極めることができてきます。つまり、戦略コア、戦略アイデア、戦略ストーリーが明確になったのです。

改めて前記プロセスを整理しましょう。課題↓情報収集（既知の情報知識）↓ブレイクスルーの「きっかけ」となる情報（新しい情報知識）↓閃きの瞬間↓既知の情報知識の取捨選択・再構成・ロジック構築・文脈化・物語化。これが「閃きの瞬間」「天からの啓示」の実の姿です。

閃きや直観はロジックの上に成り立っている

つまり、閃きや直観はロジックの上に成り立っているのです。天才やカリスマは凡人にはわからない速さで、瞬時に計算しているのです。直感ではなく直観です。本人もその瞬間はその閃きをうまく、ロジカルに説明することができません。しかし、時間がたつに従って、あの時の閃きを言語化し、ロジカルに説明できるようになってきます。閃きの瞬間は、コンピューターが超高速回転し、熱を帯びて熱くなり、少し固まった状態です。しかし時間がたって少し冷えてくると、落ちついて、客観的に発想プロセスを棚卸しすることが可能になります。

天才と言われる人、カリスマと言われる人は、集まる情報や知識の量と質、既存の引き出しにある情報や知識の幅、施策や打ち手に対する引き出しの多さ、頼りにできる人的ネットワーク、組織関係者をどう動かすかの術など、既知の情報や知識の幅が膨大なのでしょう。そして、そこに新たに加わる情報や知識という「きっかけ」によって、瞬時に複雑な方程式を解く。その計算スピードや反応速度が圧倒的に速いのではないでしょうか。

ただし、上記のプロセスを棚卸しして、周囲の関係者にわかりやすく伝えることができるかという言語化能力、コミュニケーション能力はまた別の力ではないでしょうか。カリスマ経営者の中にはワンマンと見られる方が多いかもしれません。わかりやすく人に伝えることに労力を使うより、自分が考えて、専門家を使って、指示して動かしたほうが効率的で大きな成果が出せるのでしょう。

しかし、それが組織知化、共有知化していけば組織はもっと強くなるはずです。カリスマ経営者が引っ張る組織は、後継者問題、事業承継の問題がつきまといます。

「創発会議」では、カリスマ経営者のリーダーシップに頼らなくても済むように、組織がすでに持っている経営力を引き出し、高めます。みんなで戦略を創ります。戦略ファシリテーターが戦略の創り方をナビゲートし、相互触発により戦略を磨き上げていきます。

一人のカリスマの閃きに頼るのではなく、相互触発を促すことで、チーム全体、プロジェクト全体で閃きの瞬間を創ります。自分たちの閃き、自分たちの言葉で生み出された戦略だから戦略が自分事化します。戦略が自分事化すれば、上からの指示を待って動くのではなく、自律的に組織が動くようになります。

急の編
組織をゾーンに導く組織運営

第14章
知識創造のための「場」のデザイン
第15章
モチベーションを高める組織運営

第14章
知識創造のための「場」のデザイン

創発会議がかけた〝魔法〟のプロセス

創発会議の設計ステップを振り返りましょう。

第6章では創発会議によるプロジェクト設計の要諦についてお話ししました。第7、第8章では創発を生む会議の場づくりと会議の進行（ファシリテーション）の技術についてでした。第9、第10章では、創発会議を通じて創造的な戦略を生み出すための戦略発想の姿勢を、第11、第12、第13章ではその技術（フレームワークの使い方）についてです。創発会議を通じて、その結果、参加者一人一人の魂に火が付き、チームがゾーンに入る様子は、第3章でお話ししました。

ここで、改めて第6～13章、および第3章を振り返り、創発会議での相互触発を通じてチームがゾーンに入るプロセス（魔法にかかるプロセス）を再整理します（図表14－1）。

書き起こすと22項の長い道のりになりました。2時間の会議1回でもチームは熱を帯びますし、創発会議をディスカッション設計に従って、3回、4回、5回と繰り返せば、ま

図表14−1　創発会議での相互作用

組織がゾーンに入るプロセス

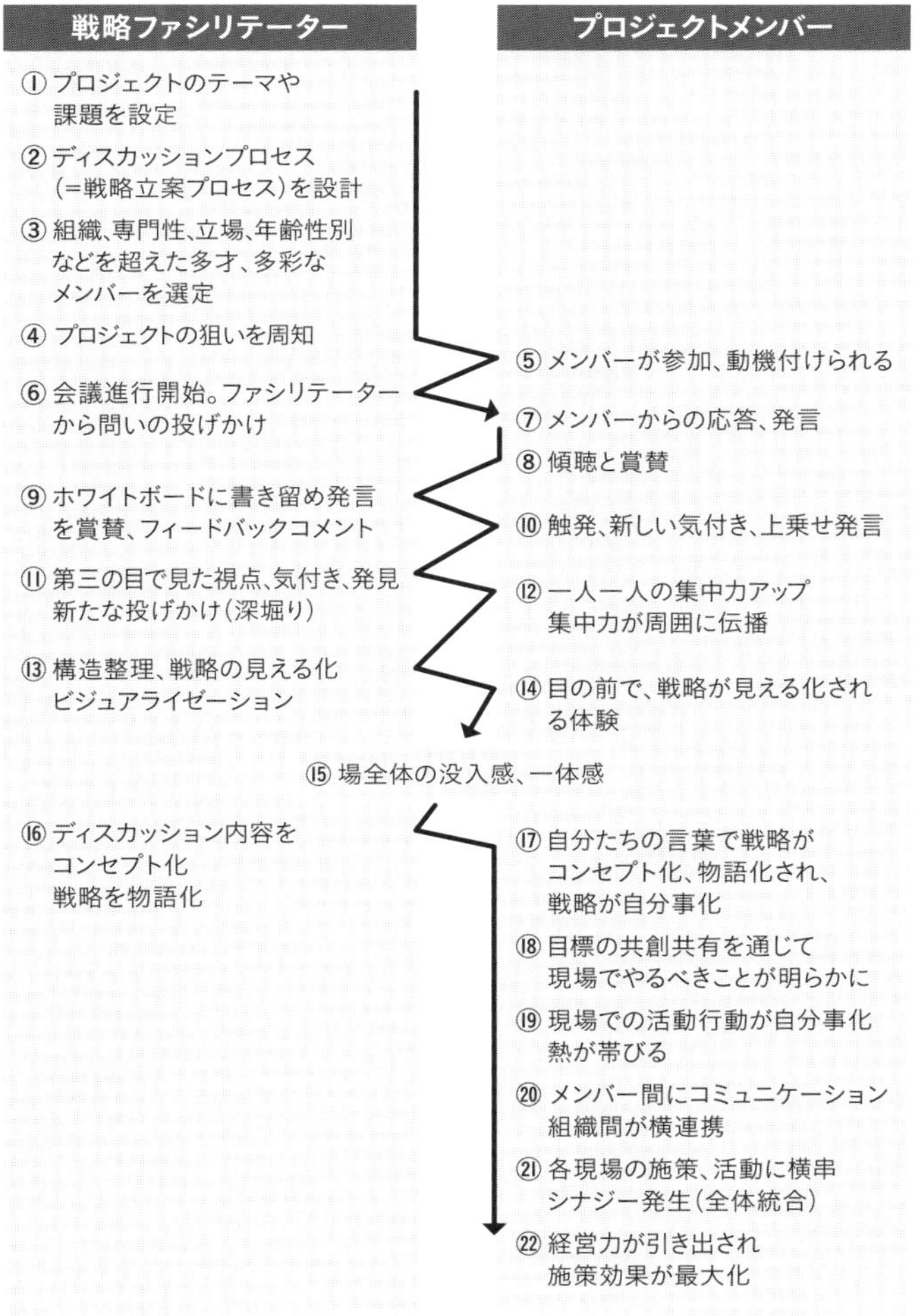

戦略ファシリテーター	プロジェクトメンバー
① プロジェクトのテーマや 　課題を設定	
② ディスカッションプロセス 　（＝戦略立案プロセス）を設計	
③ 組織、専門性、立場、年齢性別 　などを超えた多才、多彩な 　メンバーを選定	
④ プロジェクトの狙いを周知	
	⑤ メンバーが参加、動機付けられる
⑥ 会議進行開始。ファシリテーター 　から問いの投げかけ	⑦ メンバーからの応答、発言
	⑧ 傾聴と賞賛
⑨ ホワイトボードに書き留め発言 　を賞賛、フィードバックコメント	⑩ 触発、新しい気付き、上乗せ発言
⑪ 第三の目で見た視点、気付き、発見 　新たな投げかけ（深堀り）	⑫ 一人一人の集中力アップ 　集中力が周囲に伝播
⑬ 構造整理、戦略の見える化 　ビジュアライゼーション	⑭ 目の前で、戦略が見える化され 　る体験
⑮ 場全体の没入感、一体感	
⑯ ディスカッション内容を 　コンセプト化 　戦略を物語化	⑰ 自分たちの言葉で戦略が 　コンセプト化、物語化され、 　戦略が自分事化
	⑱ 目標の共創共有を通じて 　現場でやるべきことが明らかに
	⑲ 現場での活動行動が自分事化 　熱が帯びる
	⑳ メンバー間にコミュニケーション 　組織間が横連携
	㉑ 各現場の施策、活動に横串 　シナジー発生（全体統合）
	㉒ 経営力が引き出され 　施策効果が最大化

すます熱を帯びて、組織全体がゾーンに入っていきます。

もちろん案件ごとに程度の差はあります。全てがパーフェクトにいくわけではありませんが、大なり小なり、創発会議を通じてこのような変化、変革が生まれます。

なぜチームはゾーンに導かれたのか？

このプロセスは、数多くの創発会議を進行してきたファシリテーターの私から見た、目の前で起きている現象の解釈です。大なり小なり差はありますが、多くの創発会議でこのプロセスをたどります。では、なぜチームはゾーンに導かれたのでしょう。参加者の間でどのような心の変化、意識の変化が生まれているのでしょう。

「ゾーンに入る」とは、集団でモチベーションが高まった状態のことを指しています。分解すると「創発会議で、なぜ一人一人のモチベーションが高まるのか？」と、「創発会議で、なぜ組織全体の力が高まるのか？」という2つの問いに答える必要があります。このことを理解できれば、創発会議に頼らなくても、日常の組織運営の中でチームをゾーンに入れる秘訣や方法が抽出でき、ナレッジの転用が可能になるかもしれません。

さて、前者は心理学、後者は組織論で語られる領域です。私は心理学や組織論についてはこれまであまり関心がありませんでした。戦略論、マーケティング論についてはある程度の知見を持っており、その上で、みんなで知恵を出し合うことで、創造的な戦略を創る「戦略創発会議」を提供してきました。その結果、私自身も驚いているのですが、チームが、組織がゾーンに入るのです。

改めて心理学や組織論の理論や知見を学習し、創発会議を通じて組織がゾーンに入るメカニズムを明らかにすることで、チームや組織の力を120％、150％引き出し、組織の創造性と、現場の実行力を高めるための場づくりと組織運営の秘訣を抽出したいと思いました。私は研究者でも学者でもなく、あくまで実践者ですから、自分が経験的に感じている暗黙知を何らかの知見を借りて棚卸しし、言語化、形式知化しておきたいという試みです。主に参考にしたのは次の2つの書籍です。いずれも新書で、専門家でなくても理解しやすい内容です。

まず『モチベーションの心理学-「やる気」と「意欲」のメカニズム』（鹿毛雅治著、中公新書）です。この本はモチベーションとは何か、どのようにモチベーションは引き出されるのか、その理論とメカニズムについて様々な研究や文献とひも付けて解説している入門書です。

そしてもう1冊が『知識経営のすすめ：ナレッジマネジメントとその時代』（野中郁次郎・紺野登著、ちくま新書）です。こちらはイノベーション＝新しい知識の創造を生み出す経営には何が必要なのか。データ化された情報ではなく、社員一人一人（個人）の中にあるデータ化されていない知識（暗黙知）をどのように共有知化し、組織として知識創造につなげるのかについて記しています。１９９０年発刊ではありますが、時代を超えて組織論の定番書となっている『知識創造の経営：日本企業のエピステモロジー』（日本経済新聞出版）を基にして、新たに書かれた新書です。

上記2つの書籍を中心に、他の書籍や文献からの学びも含めて、私の実践を通した体感（暗黙知）を、私なりに形式知化し、急の編「組織をゾーンに導く組織運営」としてまとめたいと思います。まずこの章では「知識創造のための『場』のデザイン」について説明します。

身体的共体験を生む「場」が重要

「知識経営」とは、企業が有している知識と、個人が持っているノウハウや経験などの知的資産を共有して、創造的な仕事につなげることを目指す経営管理手法です。『知識経営のすすめ』の中では、知識の共有や創造になくてはならないものとして、みんなが集まって知を創る「場」の重要性が強調されています。

場に必要なものは「コンテクスト」と「関係性」です。コンテクストとは、その場にいないとわからないような脈絡、状況、場面です。それに加えて、その場に関わる人々の関係性です。場は日常の企業活動の中に様々存在します。日常の執務室の中の場、ミーティングルームやプレゼンルームなどの会議の場、営業先や協働先など外部での場、オンラインミーティングやSNSコミュニティなどのデジタル空間の場など、様々な場があります。

その「コンテクスト」には、まず緩やかな「場の目的」があります。雑談の場なのか、気軽な相談情報交換の場なのか、単に報告を行い、報告を聞くことが求められているだけの場なのか、アイデアを出したり、新しい戦略を創発したりする場なのかなど、目的が異なります。

「物理的な空間」の違いもあります。そこがリアルな場なのか、オンラインの場なのか、その中でもチャットだけでのやり取りなのか、顔出ししている場なのか、アバター（分身）を使った仮想空間のような場なのかといった空間の特性もあります。

暗黙知（暗黙的で言語化されていない知識）は、身体的、感覚的な環境との交わりから生まれ、「身体的共体験」を介して伝達されます。身体的共体験を生む場は、個を触発するものであると同時に、個が組織に触発を与える双方向性を持っています。

重なり合う知識創造のプロセスと創発会議

『知識経営のすすめ』では、知識創造のプロセス（SECIプロセス）のうち、「共同化」の段階、つまり経験や想いなどの暗黙知を身体・五感を通じて共有する場を、「創発場」と呼んでいます（図表14－2）。

図表14−2 知識創造のプロセス（SECIプロセス）

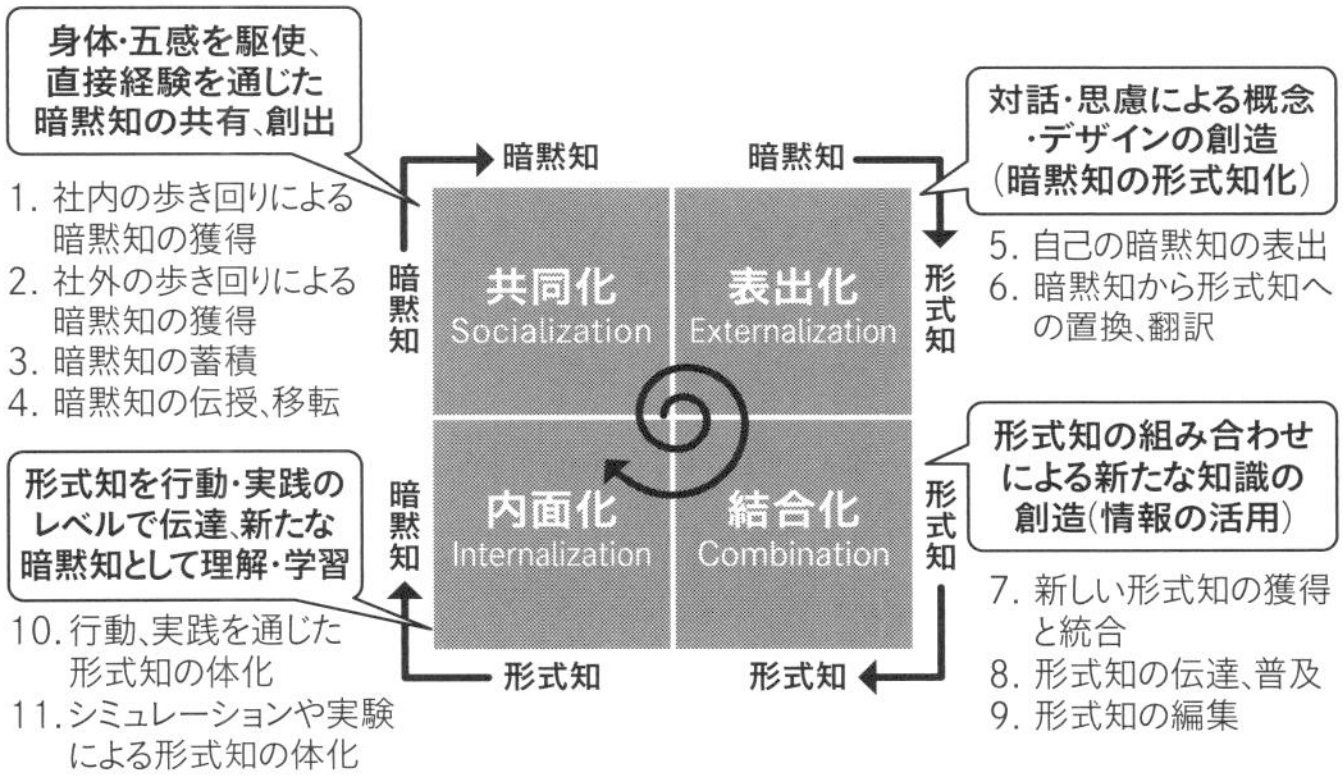

出典『知識経営のすすめ：ナレッジマネジメントとその時代』（野中郁次郎／紺野登著、筑摩書房）

一方、私が実施している「創発会議」では、参加者一人一人が持つ情報や知識を引き出す「共同化」（現状分析）の段階に続いて、共有された情報や事象（現状）の背景にある、そのような状況をもたらしている要因や、新たに物事を動かす動因の洞察（本質洞察）も、参加メンバーみんなで行います。対話や思慮により概念・デザインを創造する「表出化」段階です。

さらに、本質洞察の結果を踏まえて進むべき方向、方針やビジョンをみんなで明らかにします（戦略化）。これは、形式知の組み合わせによる新たな知識の創造である「結合化」の段階です。そして最後の、施策の実行や各現場での活動にも並走しながら（施策・活動）、創発会議を通じて互いに進捗状況をフォローし、改善すべき点を互いにフィードバックし合う場づくりを行います。これは形式知を行動実践のレベルで伝達し、新たな暗黙知として理解学習する「内面化」の段階です。

このように、知識経営のための一連の知識創造のプロセスを、「創発会議」でも回していたのです。改めてメンバーが一堂に会して、知恵を出し合って、前向きな議論をし、新たな知識を創造する（戦略創発する）こと、その装置としての「創発会議」は、知識経営を実践、実体化するために、理にかなった仕組みであると感じます。

漠然とした知識資産を取り出す「創発の場づくり」

「創発の場づくり」においては、すでにデータ化された情報や「形式知」化されたフレームワークという型に、整理するだけでは不十分です。個々人の中で、まだ形式知化されていない、また明確に言語化されていないモヤっとした想いや思考の種を取り出し、形のない霞のような「暗黙知」までも、ディスカッションの対象として扱わなければなりません。イノベーションや事業成長を追求する知識創造の経営においては、個々人の中に漠然と存在する知識資産を、どう取り出して活用するのかがポイントとなります。〝ある空間のある時点〟で、それを使えるようにしなければなりません。既存の知識資産の活用プロセスと、新たな知識創造のプロセスをダイナミックにどう連動させるか。その組織デザインの基礎となるのが「創発の場」であり、創発の場のデザインこそが、これからのリーダーやマネジャーに求められるのではないでしょうか。

暗黙知の共有伝達が、身体・五感を使った伝達であるならば、創発はオンラインの場より、リアルの場のほうが適していることになります。『モチベーションの心理学』でも、環境がモチベーションを生み出すとして、モチベーションに与える場の力の大きさについて次のように解説しています。

> 「コミュニケーションは、場の力学に依存して創出される。しかもコミュニケー

ションは、言語情報の意識的なやり取りだけではない。表情やジェスチャーなどの無意識のうちに生じる非言語的なものも含めた、他者と関わるプロセスに含まれる意味の交流の総体である」

「アスリートのやる気が観客と一体となって高まるように、モチベーションは「場」の在り方に即応して自然と生じるものである、また行為を場が創発するのである」

（鹿毛雅治著『モチベーションの心理学』より）

つまり、非言語情報を含めた身体・五感を使った相互行為が、場の状況（他者との意味の交流と身体的一体感）をつくり、場（にいる人）のモチベーションが高まる、ということです。

私も経験的にオンライン会議で創発は生まれない、アイデアは生まれにくいと感じています。オンラインでは、リアルほどの場のダイナミズム、相互触発は生まれにくいのです。仮想現実（VR）や拡張現実（AR）などが発達すれば、かなり臨場感あるライブ中継が可能になるでしょう。しかし、デジタルの世界に絶対的に足りないのが「空気」と「重力」です。空気にも重さがあり、空気を使って様々な波動が伝わります。音も香りも、声の震え、触覚や弾力も、空気の中で重さを伴って伝わってきます。日本人が「空気が読める」のは、人間が発する微細な波動や重さを感じ取る力が高いからでしょう。

リモートワーク、オンライン会議ばかりで業務を行っている企業と、リアルな創発会議も活用する企業とでは、今後、知識創造に大きな差が出てくるのではないでしょうか。オンライン会議の長所と短所を十分理解しているビデオ会議システムの米Zoom社が、週2日以上リアルでの出社を義務付けたことも、十分合点がいきます。

第15章
モチベーションを高める組織運営

協同的目標の共創が互恵関係を高める

モチベーションを高めると考えられるものに「報酬」があります。報酬による動機付けは「外発的動機付け」といわれます。「個人的目標」を達成し、報酬を得る。さらに競争に勝つことで「競争的目標」を達成し、報酬を得るなどです。

そこで評価される内容は、他人と比べてその人の「能力」が優れているかどうかです。その考えから生まれた制度が「成果主義」や「目標管理制度」「能力主義」です。しかし、成果主義や目標管理制度は、社員のモチベーションを高めるどころか、むしろモチベーションを下げることになったという事例が続出し、制度の見直しが続いています。

『モチベーションの心理学－「やる気」と「意欲」のメカニズム』（鹿毛雅治著、中公新書）では、競争的目標に対抗する考え方として、社会的相互依存理論の中の「協同的目標」という考え方が紹介されています。競争的目標ではなく協同的目標のほうが個々人のモチベーションが高まるということです。「競争」とは誰かが得すれば自分が損をするということです。メンバー同士の利益が相反するゼロサム状態なのです。

それに対して「協同」は、グループの報酬をメンバーが分け合うシステムです。チームが一致団結して取り組んで成果が上がれば、メンバー全員に報酬（金銭、称賛など）が支給されます。そのためメンバー間に「互恵関係」が生まれ、相互に援助し合うモチベーションが促されます。その結果、チームとしての成果が高まるばかりでなく、個々のメンバーの能力を高めることが期待できるのです。チームのためという「社会的責任」も生まれます。メンバー間の「絆」も強まります。互いに助け合うことが価値付けられるのです。

しかし現実には、部門・部署間のセクショナリズムや縦割りの弊害で、全メンバーが共有する目標を持てず、戦略も共有できていない、というのが多くの企業の実情です。さらにデジタルの進展とコロナ禍が、社会意識や働き方意識を大きく変えました。業務を効率化する業務改革意識が進み、タスクを細分化し、役割や責任の明確化が進んでいます。組織間のセクショナリズムに加えて、個人間のセクショナリズム、縦割りならぬタスク割り、業務のミクロ化が進んでいるのです。

デジタル化の進展に伴い業務が複雑化し、機能分化や専門性分化が行われています。各種業務ツールの登場で、オンライン業務がしやすくなり、リモートワークも進んでいます。タスク型雇用という新たな雇用形態も生まれています。働き方が多様化し、場所を選ばず、場所にとらわれず仕事ができるようになったことは良いことでしょう。

ただその結果、自分のタスクを効率的にこなし、後は次の人に手離れよくタスクを渡すといった業務進行、業務工程になってしまい、人間の仕事や職場での人間関係が、ますます非人間的、機械的になっている気がします。それで仕事に対するモチベーションは上がっているのでしょうか？　創造的な戦略、チャレンジングな取り組みは生まれているでしょうか？　一人一人は楽しく、意欲的に仕事に臨めているでしょうか？

今一度、「チームで仕事をする」意味、「組織であること」の意味、意義を見直す必要があるのではないでしょうか。「創発会議」では、個人の中に潜んでいる暗黙知を、みんなで知恵を出し合う会議という「場」で表出させ、それをメンバー間で共有し、新しい知恵、知識を協同によって創造すると同時に、外から与えられた目標ではなく、自分たちの言葉を使って協同的目標を自分たちで創っていくことで、互いの信頼関係や絆（互恵関係）を深めていくプロセスをデザインしています。

心理的安全性を担保する場づくりのコツ

「場」づくりには、コンテクスト（状況、文脈）と併せて、その場に関わる人々の「関係性」が必要です。チームで「協同的目標」を持ち、チームで創造的なディスカッションや共同作業を行っていれば、自然と「関係性」は構築されていくでしょう。

ただし、良い関係性を早期に、継続的に形成するための組織運営にはコツがあります。最近よく耳にすると思いますが、「心理的安全性」の担保です。創発会議でも、様々なコツを随所に取り入れて、心理的安全性を担保した場づくりや進行を心掛けています。

心理的安全性は、米ハーバード大学のエイミー・C・エドモンドソン教授によって提唱されました。彼女は1999年の論文「Psychological Safety and Learning Behavior in Work Teams」で、心理的安全性を「チームにおいて、他のメンバーが、自分が発言することを恥じたり、拒絶したり、罰を与えるようなことをしないという確信を持っている状態」と定義しました。

ちなみに、「罰」はマイナスの報酬であり、「失敗したら罰を与えるから、失敗しないように取り組め」というのは外的動機付けです。しかしプラスの報酬と同様、マイナスの報酬も、人のモチベーションを高める効果はありません。むしろモチベーションを大きく下げることになりかねません。

その後、米グーグルの「プロジェクト・アリストテレス」で、心理的安全性がチームの成功に最も重要な要因であると結論付けられたことで、「心理的安全性」という言葉が広く知られることとなりました。心理的安全性が担保された組織では、チームのメンバーが互いに信頼し合い、オープンなコミュニケーションが促進され、イノベーションや問題解決に寄与するとされています。心理的安全性に関する書籍やリポートも多数ありますので、ここではそのコツの簡単な紹介にとどめます。

以下を組織に所属する一人一人が心掛け、組織全体でもルール化したり、組織文化にしたりしていけば、組織の雰囲気はみるみる変わります。2時間数回の創発会議を体験するだけでも、組織文化が変わってきた事例が多くあります。ここでは塩見康史氏となかむらアサミ氏の『わたしからはじまる心理的安全性 リーダーでもメンバーでもできる「働きやすさ」をつくる方法70』（翔泳社）を参考にしながら、私が意識しているポイントも加えています。前述の通り創発会議で守ってもらう参加ルールにしている項目もあります。

【心理的安全性を担保する場づくりのコツ】

・挨拶をしっかりする。
・笑顔で接する。
・上下の関係をなくす。意識させない（ニックネームや、「さん」付けで呼び合うなど）。
・仕事や能力ではなく、その人自身に興味を持ち、リスペクトする。
・家族や趣味、日常生活について知る、関心を示す。全人格を認める。
・雑談する。
・表情豊かに、五感でコミュニケーションする。
・オンラインではカメラをオンにする。
・一緒にご飯を食べ、酒を飲んで語り合う。

・仕事のスキルだけでなく、仕事への想い、こだわりを聞く。
・一人一人の発言に耳を傾ける。否定しない。
・良い意見、良い行動、良い成果をすごいねと称賛する。
・ポジティブな発想、発言を心掛ける。
・考えすぎず思ったこと感じたことを口にする。
・整理されていなくとも、モヤモヤしたまま口にする。
・建前でなく本音で語る。
・他の人、他の部署の仕事に興味を持つ。
・他の部署の人と話す。情報交換する。手伝う。
・手助けしてもらったら、ありがとうと感謝する。
・物理的にオープンな空間、オープンな場を創る。

また、創発の場づくりにおいては「関係性」の構築と同時に、どのような人に参加してもらうと、より良い創発が生まれるか「関わる人」の検討もします。同じ組織、同じ専門性、同じ性別、同じ年代、同じ役割の人で集まる場よりも、異なる組織、異なる専門性、異なる性別、異なる年代、異なる役職の人が集まる場のほうが、互いに刺激し合って大きな創発が生まれます。

後述しますが、人は「ギャップ」に興味を持ちます。自分が「わからないことがわかる」ことが喜びになります。「知的好奇心」が満たされるからです。ダイバーシティー（多様性）やオープンイノベーションが創造的なアイデア、戦略をもたらすといわれるのも理にかなっています。

期待と自信をコントロールする

モチベーションが下がる原因に「大き過ぎる目標」があります。会社の「達成目標」として、達成が難しそうな大き過ぎる予算が与えられます。各部門・部署に無理な目標や、無理な予算が振り分けられます。予算に締め付けられ、本当にやりたいこと、やるべきことができません。長期的な視点、チャレンジングな取り組みより、目先の売り上げ獲得に意識が向きます。無理をした営業活動もしないといけません。

最近の日本企業に多発する不正や不祥事、コンプライアンス違反が気になります。企業だけでなく、大政党でも続いています。各組織でコンプライアンス研修が実施され、チェックする管理部門があるにもかかわらずです。右手で過大な数値目標を掲げ、現場に無理強いをさせながら、左手ではコンプラ順守を掲げる。アメとムチどころか、ムチとムチです。

離職率の高まりも気になります。若い世代の働き方意識、就職意識が大きく変わったこともありますが、それだけでしょうか。最も働き盛りであるミドル世代での転職も増えています。シニア世代に対しては、残れば報酬大幅低下、早期退職させたら会社は縁を切るといった〝冷たいマネジメント〟も一部に見られるようです。

若手社員もそれを見ています。「長く居ても仕方ない。ここで学んだことを生かして、今のうちに条件のいい会社に転職しよう、独立しよう」と考えるのは自然の流れです。日本の伝統的組織の多くが、制度疲労を起こしています。

過大な目標、心の通わない数値や制度での管理は、人の心（モチベーション）を冷やします。社員は心を持った人間です。一人の人間として尊重し、その心に目を向けることができない企業が、顧客の心に目を向けているはずはありません。自社の数字を追うということと、顧客の心に寄り添うということは時に相反してしまう場合があります。次々と明らかになる多くの企業の不正、不祥事は、本当に嘆かわしいことです。

一方、モチベーションを高める要因の一つに「期待」があります。『モチベーションの心理学』において、期待とは、成功に対する主観的な見込み、いわゆる「自信」であると説明されています。「できそうならやる。できそうにないならやらない」ということです。事前に負け戦が予想される場合、モチベーションは上がりません。過大な目標ではやる気、意欲は湧かないでしょう。

期待には2つの水準（レベル）があります。一つは「予期水準」です。それができそうか否か。予期レベルの期待です。少し頑張ってチャレンジすればできそうと判断（予期）したとき、モチベーションは大きく高まります。過大な目標ではモチベーションは下がります。一方、頑張れば達成できそうな目標ならモチベーションは上がります。この無理目のさじ加減は、なかなか難しいところではありますが……。

もう一つは「信念水準」です。このテーマ、分野ならできるといった「領域」に対する信念レベルの期待です。私は水泳が得意。私はスピーチなら自信があるといった領域に対する「信念」です。企業や地域（自治体）などの組織においても、自分たちの本当の強みが何か、競争源泉や模倣困難性が何か、つまり本当に得意な領域や自分たちの潜在的な可能性を明らかにして、メンバー全てが共通認識を持つことが非常に重要です。それが、自分たちの「領域」に対する可能性について「自信」を持つことにつながります。

つまりメンバーが「この戦略ならやれそう」と自分たちの可能性に自信を持ち、高いモチベーションを生み出すためには、自分たちの得意領域、本当の強み、競争源泉、模倣困難性はここだったんだという領域レベルで「信念」を持つことが大切です。自分たちの「本当の強み」に根差した自分たちの「潜在可能性」に気付くことで、新しい戦略への取り組み意欲、実行意欲が湧いてくるのです。

その際、戦略創発のプロセスでは、特に信念水準（領域）に対して、今までの自己認識とは異なる新たな気付き、驚き、発見があると、それはより強い「信念」となり、新しい戦略の創造実行に挑戦する原動力となるでしょう。この領域なら自分は得意だ、強みがあるという「領域レベル」（信念）と、これなら頑張ってチャレンジすれば実現できそうという「予期レベル」（水準）によってモチベーションが高まります。

知的好奇心を刺激する仕事にする

成果主義、能力主義、目標管理制度など競争的目標は、心理学的にもモチベーションを高める効果は弱く、むしろモチベーションを下げる危険があることが明らかになっています。ではモチベーションを高める動機付けで、より重要なものは何でしょう。

賞（アメ）を求め、罰（ムチ）を避ける「外発的動機付け」と対になる概念として、それが好きだからやるという「内発的動機付け」があります。米国の作家ダニエル・ピンク氏が書いた『Drive』（邦題『モチベーション3・0 持続する「やる気！」をいかに引き出すか』訳・大前研一、講談社）では、モチベーション1・0が、歩く、食べる、排せつするなどの本能、モチベーション2・0は、報酬を求め、罰を避けるという外発的動機付け、そしてモチベーション3・0として、人間が本来持っている「学びたい、創造したい、世界をよくしたい」などの内発的動機について説明しています。

内発的動機付けとは、楽しいからやる、好きだからやるというように、その行為自体が目的となっています。人間には本来「知的好奇心」があります。知らないことを知りたい、わからないことをわかるようになりたいという欲求、意欲です。

知的好奇心を満たす探求のプロセスはワクワクします。知的好奇心とは「真剣な興味」のことです。既存の認識と新しい情報との「ズレ」が大きければ大きいほど、知的好奇心は高まります。ズレの大きさが、謎であり、驚きの発見であり、わからなかったことがわかる感動であり、これまでにない新しい何かを創造した感動です。

知的好奇心の象徴的な例として『モチベーションの心理学』では、有名な2人の言葉を紹介しています。一つは、化学物質がもたらす環境破壊に警鐘を鳴らした著書『沈黙の春』で有名な、生物学者レイチェル・カーソンの「センス・オブ・ワンダー」という言葉です。これは「神秘さや不思議さに目を見張る感性」という意味だそうです。

そしてもう一つは、人類で初めて月面に降り立った、ニール・アームストロング船長による次の言葉です。

「われわれは、次の1歩を踏み出したくなったり、さらにもっと冒険がしたくなったりする。人間は本来、好奇心に富む存在なのである。謎が驚異の念（wonder）をかきたてる。この気持ちこそ、人類が持つ『わかろうとする欲求』の土台なのだ」

賞罰などの外発的動機付けには「やらされ感」がつきまといます。心理学では、自分ではない外側の誰かに操られているチェスのコマ（ボーン）に例えて「コマ感覚」と呼ぶそうです。一方、知的好奇心、真剣な興味などに基づく内発的動機付けでは、自分は、自らの意思でチェスを指している指し手（オリジン）です。「指し手感覚」と呼びます（オリジン-ボーン理論）。それが面白くてたまらない。好きで仕方がないからやるのです。

自らの意思で、好きなことをやり、知らなかったことを知り、驚きの発見をし、新しい何かを知る。環境活動家や宇宙飛行士ではありませんが、一般の私たちでも、趣味やスポーツといった好きなことに夢中になることがよくあります。そして、それはビジネスの場、創造的な戦略を考える会議の場でも起こるのです。

今まで気付かなかった課題を発見し、気付かなかった強みに気付き、これまでの認識との「ズレ」に気付き、新しく創造的な解決策や戦略を生み出す。この一連のプロセスは、知的好奇心を満たす驚きの発見であり、これまで味わったことのないワクワクする体験であり、感動でもあるのです。

好きなこと、楽しいことに没入することで、集中力が高まり、没入した状態に入ることを心理学では「フロー状態」と呼びます。私は結果としてフロー状態に入ることも含めて、一人一人のモチベーションが高まり、さらにメンバー間に相互触発、相互作用が生まれ、全体としてダイナミズムが生まれていく一連のプロセスのことを「ゾーンに入る」と言っています。チームで協同活動を行っている場合、メンバー間に互恵関係がある場合、メンバーそれぞれが相互に刺激触発し合いながら、互いの集中力が高まっていきます。場のダイナミズム、グループダイナミズムが生まれます。チーム全体がゾーンに入った状態です。

この状態は、音楽やスポーツなどだけではなく、ビジネスの現場でも起こります。現に私は創発会議を通じて、多くの組織がフロー状態に入ったり、ゾーンに入ったりする様子を見届けてきました。ＡＩ時代、ロボット時代の人間の仕事は、ワクワク楽しいことだけに取り組めばよくなります。面倒なこと、複雑なこと、単純なこと、細かなことはＡＩに任せていきましょう。これから人間は楽しい仕事だけをしていきましょう。楽しくなければ仕事ではありません。仕事は幸福（well-being）のためにある。仕事をすることで知的好奇心が満たされ、生きる喜びや充実感が湧いてくる。そんな時代がもうやって来ています。

みんなで創る戦略で組織はゾーンに導かれる

外から与えられた戦略、上から降ってきた戦略では自分事化しない。自分たちの言葉で考えた戦略だから自分事化する。心理的安全性を担保した場づくりで、老若男女、多才で多彩な個性と専門性を持つ仲間や関係者で、自分たちの戦略を共創、創発をするから、メンバー一人一人のモチベーションが高まる。共創協同によって一人一人が戦略を共有し、目標が共有されているから、組織に横連携が生まれ、組織がゾーンに入る。

「みんなで戦略を創る」こと、つまり「戦略立案の民主化」「戦略立案の協同化」が、組織をゾーンに導き、組織全体の経営力を高めることにつながるのです。

知識創造プロセスをガイドする戦略創発ファシリテーター

いよいよ最後の節となりました。ここでは「知識創造経営」を推進支援する「戦略創発ファシリテーター」（戦略マエストロ）の役割を、野中郁次郎氏が提唱し、ナレッジマネジメントのバイブルとなっている知識創造のプロセス（SECIモデル）に基づいて、再び解説することで、本書全体のまとめとしたいと思います。

野中郁次郎氏が提唱する「知識創造のプロセス」（前出図表14－2）は、暗黙知と形式知の組み合わせからなる、4つの象限によってそのプロセスが説明されます。そのプロセスに沿って、戦略創発ファシリテーターの支援を整理します（図表15－1）。

①共同化（Socialization）：暗黙知を基に、新たに暗黙知を得る

↓「身体・五感を駆使、直接経験を通じた暗黙知の共有、創出」

【戦略創発ファシリテーターの支援 ①】

メンバーから体験や情報、事象などを引き出し、明確には言語化できない知恵の種を集める。フレームワークを体験や情報を引き出す道具として活用。

②表出化（Externalization）：暗黙知を基に、新たな形式知を得る

↓「対話・思慮による概念・デザインの創造」

【戦略創発ファシリテーターの支援 ②】

第三者の視点からの気付きに基づく、新鮮な問いの投げかけ。深掘り、本質の洞察、物事を動かす動因の発見。

③結合化（Combination）：形式知化を基に、新たな形式知を得る

↓「形式知の組み合わせによる新たな知識の創造」

【戦略創発ファシリテーターの支援③】

セッションとセッションの間、フレームワークとフレームワークの間にある行間、関係、文脈を見立てる。戦略コアを誰もが共有できるよう、語れるようにコンセプト化、コピー化する。協同的目標（戦略、指針、ビジョン、コンセプト）の創出。戦略を簡潔な物語にストーリー化する。

④内面化（Internalization）：形式知を基に、新たな暗黙知を得る。

↓「形式知を行動・実践のレベルで伝達、新たな暗黙知として理解、学習」

【戦略創発ファシリテーターの支援④】

上記戦略を基に、各現場での施策展開、活動展開（実践）による身体化（血肉化）、内面化の支援。個別施策の立案展開支援、ＯＪＴやフィードバック研修など。

このプロセスは４つのステップで完結するわけではなく、永遠に循環する、スパイラル

図表15−1　戦略創発と知識創造プロセス

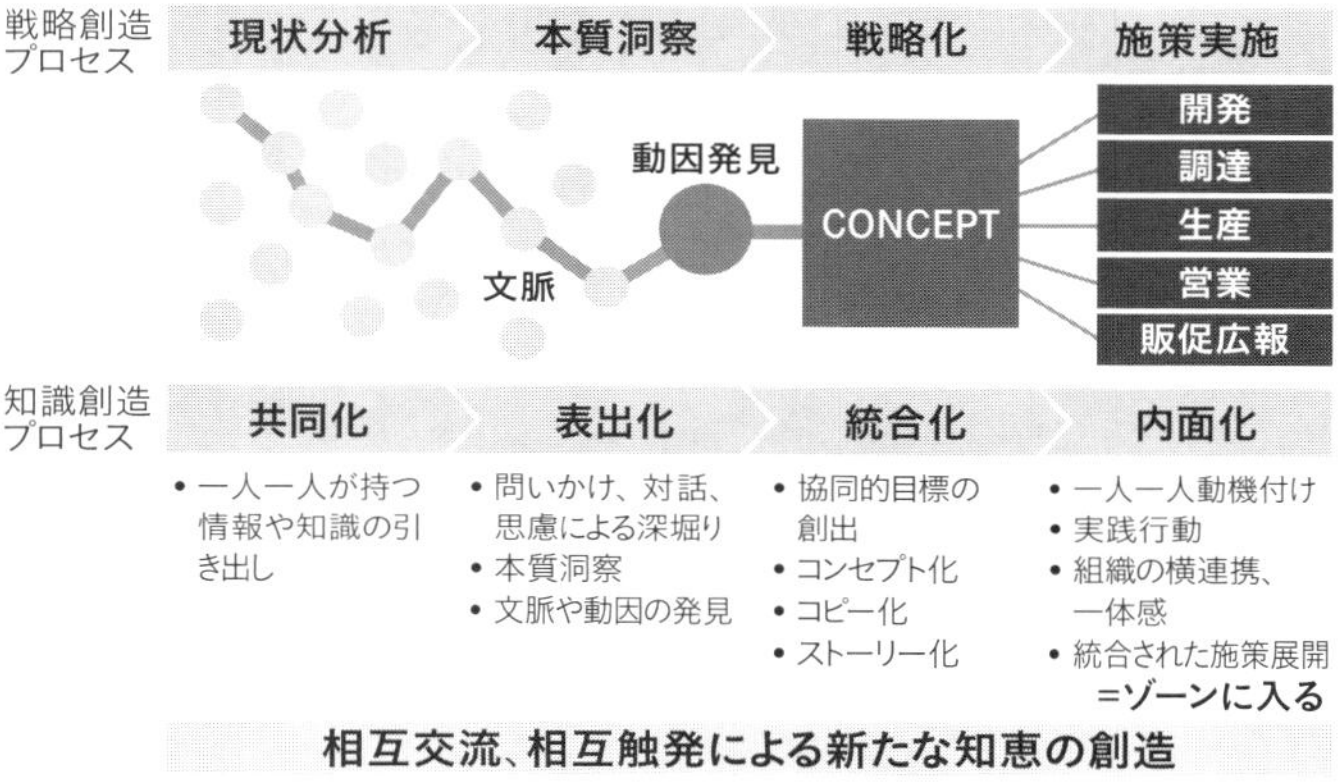

型の知識創造循環型モデルです。これを回し続けることで、プロセスに関わる人たちは自己成長を続けます。同時に、組織も知識創造の輪を回し続けることで成長を続けます。

戦略創発ファシリテーターも、1回のサイクルを回す有期のプロジェクト型共創（協奏）支援で終わることなく、継続して輪を回し続け、共に成長し続けます。もちろん外部の戦略創発ファシリテーターの場合は、クライアント企業内で自走できるよう戦略創発ファシリテーターの社内育成も課題となります。本書がその一助になると幸いです。

戦略創発ファシリテーターは知識創造経営の伴奏支援者です。いや、伴奏者というよりも、多才で多彩なメンバーの想いや能力、知識を引き出しながら、戦略共創、知識共創を行う協奏メンバーの一人です。楽団員全員を率いて一つの曲を奏でるオーケストラの指揮者のように、チームを、組織をオーケストレーションする「戦略マエストロ」なのです。

Column 4

「守破離の心」
～生け花に学ぶナレッジマネジメント～

戦略プランニングで目指す新たな「守破離」

日本の武道や芸道に「守破離」という言葉があります。型を守り、型を破り、型から離れるという意味です。私は華道で草月流いけばな師範のお免状をいただいています。いけばなを始めて10年ちょっとです。今は型を破ることにトライを続けているという段階でしょうか。まだまだ極める道の先は長いと感じています。

一方、「戦略プランニング道」に関してはどうでしょう。この道で30年以上精進をしていますす。型を破り、型から離れるというあたりに差し掛かっているところかと思います。本書では戦略プランナーでも、戦略ディレクターでも、戦略コンサルタントでもない、「戦略〝創発〟ファシリテーター」という新しいあり方を示してきました。「みんなで創る戦略」という、新しい戦略立案の流儀を示すことができました。

実はそこには、一部の専門家や専門部署が行うイメージのある「戦略立案」を、広く多くの人に伝え、誰もがマーケティング発想や戦略発想ができるようにという想いを込めた、「戦略発想教室」の意味合いもあります。いわば戦略立案の民主化です。「伊賀流／アキラ力流戦略プランニング」という新しい〝流派〟を立ち上げて「教室」を開く、そんな感覚を持っています。博報堂に長く所属し、「戦略プランニング道」を学び、学んだことを基礎にしながら従来の戦略プランニング道の型を破り、離れようとしているわけです。

日本マーケティング協会からは「マーケティング・マイスター」という公式認定をいただいているので、こちらでも「師範」の資格をいただいていることになります。さらなる目標は「戦略マエストロ」と言われる存在になることです。

本書では協奏曲を響かせるコンダクターになぞらえて、みんなで創る戦略立案「創発会議」を通じて組織に共創を生み、それをオーケストレーションする人という意味合いで「戦略マエストロ」を提唱しています。同時にマエストロには「巨匠」という意味合いもあります。自称「戦略マエストロ」は格好悪いので、周囲があの人は「戦略マエストロ」だと認めてくださるように、もっと精進しなければなりません。

「型」を学ぶから創造がある

「型」とは何でしょう。型は何のためにあるのでしょう。以下、勅使河原蒼風の『草月五十則』および『花伝書』（どちらも草月文化事業出版部）から引用しながら見ていきます。

草月五十則の第八則にはこうあります。

「役に立つ経験を、集めたのが花型法」

「草月の花型法（かけいほう）は、古典いけばなの花型や過去のいろいろな花の形から、主になる枝をクローズアップし、形のエッセンスを抽出して、現代いけばなの花型にしたものです。基本花型、応用花型と体系的に整理され、順を追って勉強することによって、いけばなの立体空間を捉えることができ、新しいいけばなの創作に結び付いていくものです」

上記の「いけばな」を「戦略プランニング」に、「花型」を「戦略フレームワーク」に置き換えてみてください。「戦略プランニング道」における「型」とは何か、イメージできると思います。

第十則には「基本、応用の練習から、自由創作は生まれる」とあります。いけばなというと、自然を切り取り、自然の美しさをそのまま床の間に再現する、感じさせるといったイメージを持っている人も多いでしょう。しかし、草月のいけばなはそれとは異なります。草月のいけばなは創造的な芸術です。蒼風は、「いける」に「造形る」「変化る」と当て字をしています。画家が絵の具を使って自由に創作するように、彫刻家が石や木材から造形を削り出すように、草月は自然の花材を使わせていただいて自由な創作を行います。いける人の思想や精神、感性が表現されます。

「花はいけたら花でなくなる。花はいけたら人になるのだ」

「花があるからいけばなはできるのだが、人がいなければいけばなはできない」

「ウソをつけ、ウソがまことなのだ。ウソは創造なのだ。創造のないいけばなはつまらない」

「目で見えぬものをいけよ。目で見えぬものが心の中にたくさんある」

「花は具象的なものである。いけばなは抽象的なものである」

さて、このような自由創作がいきなりできるかというと、習い初めの頃はなかなか難しいでしょう。初心者は、枝葉を落とす、切るということができません。何が必要なもの（幹／本質）で、何が不要なもの（枝葉）かがわかりません。

そこで「型」を学ぶ必要があります。「型」は自由創造に至るまでのガイドをしてくれます。基本の型、応用の型と順を追って進むことで、初めたばかりの頃には想像もできなかったような創作にまで進展することが可能です。

戦略プランニングも同様です。発想の型、立案の型を知らずに、立体的な戦略が創造できるはずがありません。戦略はいけばな以上に複雑で、可変要素が多く、立体的なものです。戦略によって生み出される事業は、「創造的な造形」と言ってもよいでしょう。

個々の担当者は、戦略を知らずとも、戦略立案の型を知らずとも、担当する領域の施策や企画を立てることはできるかもしれません。しかしそれは、いけばなで言う枝葉や皮（技術）に過ぎません。戦略の型を学び、頭と手を動かして戦略を創ってみる。そして練習を繰り返すことで、事業の仕組みや構造を立体的に捉えられるようになっていくのです。

削ぎ落すことで、筋、脈、骨格が見えてくる

草月五十則の第十一則に「主枝は骨組み、従枝は肉付け」とあります。

「主枝はいけばなの空間のひろがりを形作る骨格です。花型では骨組みとなる主枝をしっかりとたてることから始めます」

戦略でも骨組みが大事です。各論の枝葉の企画の面白さを議論するばかりでは、本質的な問題解決やイノベーションになかなか届きません。骨格を見極めた上で、筋肉を肉付けしていきます。肉付けする際は、筋が通っている必要があります。筋とは流れです。脈と言ってもいいでしょう。様々な事象、情報の中に脈々と流れる筋や脈を読み、全体の文脈を見立てていくことが、戦略立案においても最も重要です。社会を、産業を、市場を、地域を、事業を動かす、物事を動かす動因を見極めるということです。本質洞察です。

蒼風は「皮・肉・骨」について、次のようにも言っています。

「骨とは作者の思想である。その人が何を考えているか、どういう信念でいるかということがあらゆる仕事の骨格になる。花型がしっかりしているか、狙い所が正しいかということが骨である」

「次に、肉とは素材、のことである。ふさわしい花や器が選ばれているかということ。そして皮とはそれを表現する技術である」

「着想（骨）と素材（肉）と技術（皮）、この三つがほどよくそろわなければよい芸術は生まれない。あらゆる芸術はみなそうである」

戦略、あるいは事業も同様です。戦略、事業は芸術と言っていいでしょう。「型」とは、枝葉、肉皮をそぎ落として、幹、あるいは骨だけにしたものです。枝葉をそぎ落とし、幹を残し、何が骨かを見極め、筋や脈を見える化することで、専門家でなくとも、学ぶ人たちも理解しやすくなります。

創発会議はみんなで創る戦略の場です。誰もが理解し、ディスカッションしやすく、創発しやすくするためには、細かく、難しい分析は不要です。基本的で、本質を捉え、シンプルな「戦略フレームワーク」のみを使います。

大切なことはフレームワークに当てはめることではありません。フレームワークを使いながら、社会を、産業を、市場を、地域を、事業を動かすための、筋、脈、本質、動因を見極め、まずは骨格を組み立て、その上で様々なエビデンスや持っている資源を使って肉付けすることです。社内にそのガイド役、ナビゲート役がいない場合は、外部の戦略ファシリテーターにガイドをお願いしてみてください。その場は、戦略構築、事業構築の実践の場でもあり、同時に「戦略創造体験教室」の場でもあります。

必要なものを磨き上げる

第二十三則は「花は大切にすること、花は惜しまぬこと」です。

「一つ一つの花や枝をいかしきるということは、無駄で無意味なものを捨てるということに通じます。花の表情をいきいきと、枝の線をのびのびと表すためには、大切な花材から必要なものを取り出し。不要なものを捨てることです」

私は次のような例えをよくします。

「水晶」は岩石の中に存在します。水晶を取り出すためには、まず岩石の中から必要な鉱石が含まれている鉱脈を見いだします。さらに余計な岩、石を削り落としていくことで純度の高い水晶が磨き出されます。余計な岩石を削り落とすことで、キラキラと輝く本質が見えてきます。それは、今までたくさんの情報、事象が存在し、全てが霧のような状態でよく見えなかったことが、そぎ落とすことで見えてくるようになるプロセスと似ています。水晶は、さらに磨き上げることで、光を放つようになります。暗い洞の中で見えなかったものも、そぎ落とし磨き上げることで「晶らか」（アキラカ）になるのです。本質を洞察する（In-sight）とは、余計なものをそぎ落とし、純度を高く磨き上げることで、暗い洞の内側が見えるようになる、見えないものが見えるようになることです。

ちなみに私の草月いけばなでの雅号は、伊賀晶樺（いがしょうか）です。「あきらか」と読むこともできますね。私の本名は伊賀聡（いがあきら）です。法人名は株式会社アキラカです。幹と枝葉、骨と肉皮、様々なことが一つの物語、文脈としてつながっています。

楽しくなければ人は動かない

「知るものは好むものにしかず。また、好むものは楽しむものにしかず」

「教えるということはしらせるだけではいけない。楽しませることができなければ、せめて、好ませるほどにせねばならぬ」

ただの学びは身になりません。好き、面白い、楽しいと思えて身になります。人間はただ単に機械的に知識を学習するＡＩとは異なります。また、外部のコンサルタントが与えた戦略や、社長や経営企画が上から落とした戦略を読んで、表面的に学んでも血肉化しません。自分たちで戦略創るって面白い、ワクワクするという体験を通じて、自分たちの言葉で創った戦略でなければ血肉化しないし、自分事化しない。これが「伊賀流／アキラカ流戦略道」の奥義です。

草月五十則の最後の締め、第五十則です。

「見る目と、造る手と、片寄らぬ精進」

「花を見ること、花の中から何を見つけるかがいけばなの根本です。手はしこむことができ、手が技術を習得していなければなりません。そして片寄らない精神と、習練に打ち込むたゆまない努力を続けることです」

これからは戦略立案も、身体で覚えていくべきです。本やネットで学ぶのではなく体験型です。オンライン講座やＡＩ学習で気軽に学べるようになることは良いことです。しかし知識を血肉化するためには、一般的なケーススタディーではなく、自社のリアルな実践課題で、目と頭だけでなく、手を動かして、体験的に身に付けるしかありません。オンライン空間の中だけでなくリアルで顔を合わせ、五感で知識と知恵を交換し、相互触発することが大切です。消費や購買の現場に出かけ、体感することも重要です。

その際、指導者は、経営者は、リーダーは、社員や関係者を萎縮させてしまってはいけません。蒼風はこう言います。

「指導者は苦心すべきである。相手の気持ちになるために。相手の心を知るために」

「その花がいくら下手でも、ダメでも、いけている相手はいろいろのことを考えていけている。一所懸命考えているのだ」

花は「戦略」あるいは「事業」に置き換えて読んでください。

楽しくなければ人は動かない。みんなで創れば仕事はもっと楽しくなる。

「圧のマネジメント」ではなく、「愛のマネジメント」へ。

私から皆さんへ贈る言葉です。

特別対談

チームがゾーンに入る時

～成果に導く組織風土とは～

株式会社チームボックス
代表取締役
中竹竜二
×
伊賀聡

企業のリーダー育成などを行うチームボックス代表取締役の中竹竜二氏は、2006年に早稲田大学ラグビー蹴球部監督に就任し、自律支援型の指導法で翌年から大学選手権2連覇を達成したことで世間に広く知られた「名監督」。伊賀氏とは同じ高校の同窓生という間柄だ。そこで本書の執筆に当たり「早大ラグビー部の連覇達成は、中竹監督がチームをゾーンに入れたからではないか」と考えた伊賀氏が熱望して、現在はビジネスの世界で組織論の専門家として活躍する中竹氏との対談が実現した。

中竹竜二（なかたけ・りゅうじ）
株式会社チームボックス　代表取締役

1973年福岡県生まれ。早稲田大学人間科学部卒。大学時代はラグビー蹴球部の主将を務め、全国大学選手権で準優勝。レスター大学大学院社会学修士課程修了。2001年に三菱総合研究所に入社。06年に早稲田大学ラグビー蹴球部監督に就任すると、自律支援型の指導法で翌年から大学選手権2連覇を達成。10年、日本ラグビーフットボール協会の初代コーチングディレクターに就任。12年より3期にわたりU20日本代表ヘッドコーチを兼務、その後理事を務めた。16年には日本代表ヘッドコーチ代行を兼務。14年に企業のリーダー育成トレーニングを行う株式会社チームボックスを設立。18年には一般社団法人スポーツコーチングJapanを立ち上げ、代表理事を務める。22年にJOCサービスマネージャーに就任し、全オリンピック競技の指導者育成を主導。主な著書に『ウィニングカルチャー 勝ちぐせのある人と組織のつくり方』（ダイヤモンド社）などがある。音声メディアVoicyでは「成長に繋がる問いかけコーチング」を毎日配信している。
https://voicy.jp/channel/1191

継続的な「創発の場」で組織をゾーンに入れる

伊賀聡（以下、伊賀）　中竹さんと私は、同じ福岡県立東筑高等学校の卒業生です。7、8年ほど前、高校で開催された勉強会で中竹さんが話をされました。そのときに初めてお会いしてからのお付き合いになります。

母校が同じという親近感もありましたが、中竹さんが書かれた『リーダーシップからフォロワーシップへ　カリスマリーダー不要の組織づくりとは』と『ウィニングカルチャー　勝ちぐせのある人と組織のつくり方』を読ませていただき、本当に参考になりました。

中竹竜二（以下、中竹）　ありがとうございます。

伊賀　中竹さんは組織マネジメントの専門家でいらっしゃいます。私はもともと博報堂で戦略ディレクターとして様々な得意先企業の事業戦略、マーケティング戦略の立案などの支援をしていました。博報堂時代は戦略やクリエイティブをつくることがすごく楽しくて、それればかりをずっとやっていたので、組織マネジメントに関してはほとんど門外漢なんです。

中竹　そうなんですか。

伊賀　広告会社やコンサルティング会社で

は、事業戦略やクリエイティブについてクライアント企業にプレゼンテーションします。しかし、そうした提案は直接プレゼンを受けた経営陣や責任者の方々には理解していただけても、それを実行するのは現場の人たちです。「果たして現場の社員まで、提案した戦略やクリエイティブ案が血肉化されているのだろうか？」という問題意識が当時の私にはありました。

中竹 提案を受け入れるのと、その提案を自分事化するのとでは、話がまったく違いますからね。

伊賀 そのため、自分で会社を設立してからは「普段の会議を『創発の場』に変える」という方針に転換しました。

中竹 「創発の場」ですか。

伊賀 ビジネスには日常的に様々なプロジェクトがあります。1つの事業戦略についても、立案から実施まで長いプロセスを歩みます。その要所要所で行われる会議に、私は外部から「創発ファシリテーター」として参加するわけです。

　このファシリテーションを続けているうちに、ハタと気付きました。会議に参加されているみなさんが、熱くなるんですよ。

中竹 それはいいですね。

伊賀 クライアント企業の上層部の多くが、最初のうちは「伊賀さん、会議のファシリテーションなんてしていただいても、うちの会社の会議は盛り上がりません。恐らく誰も発言しませんよ」とおっしゃいます。しかし、私が会議に参加してファシリテーションすると、それまでまるでお葬式のように静かだった会議が、すごく盛り上がっていくんです。

　会議が終わった後には、参加した社員のみなさんから「今日はすごく楽しかった。

ありがとうございます」「これほど言いたいことが言えたのは初めてです」「こんな会議になるのでしたら、毎日でも来てください」と言っていただき、すごく手応えがあるんです。

中竹 会議が盛り上がるのは大事なことですね。

伊賀 「前回、ここまでお話ししました。今回はこういうテーマで話し合いましょう」と月1～2回の会議で「創発の場」を継続的につくることによって、みなさんのモチベーションがどんどん上がり、みんなで検討した戦略が自分事化していくんです。外部から与えられた提案や社長や経営陣から与えられた戦略だと、現場の人たちの中で自分事化していかない。ファシリテーションによって発言が活発になり、自分たちの言葉で戦略を創り上げたという実感が得られてこそ、その戦略が自分事化していくのです。

自分たちの言葉でつくった戦略は自分事化するのではないか。言い換えれば、ファシリテーションの力、会議の力で、組織全体をゾーンに入れることができるのではないかと気付いたわけです。

中竹　それは興味深いですね。

伊賀　すごく極端に言うなら、２０１５年のラグビーワールドカップの初戦、日本の代表チームが南アフリカの代表チームに大逆転して勝った「南アフリカの奇跡」や、２０２３年のワールド・ベースボール・クラシック（ＷＢＣ）で、侍ジャパンがメキシコ戦で大逆転して勝った時のような状況ですね。

中竹　あの時は、日本のラグビーの代表チームも野球の代表チームも、選手たちが「ゾーンに入っていた」と言われています。

伊賀　選手一人一人のモチベーションや集中力が高まったことで、チーム全体がゾーンに入り、普段以上の力が組織全体で発揮されていく。こうした状態が、実は会議でも起きるんじゃないかと考えました。

そこで、かなりデフォルメした表現なのは承知の上で、ファシリテーションによって参加者の一人一人がテーマを自分事化することで会議全体が盛り上がり、それを継続することで、組織全体が高いパフォーマンスを実現できる状態になることを「ゾーンに入る」と表現しています。この「ゾーン」について議論するなら中竹さんが最適だと思い、今回、対談をお願いしました。

中竹　わかりました。どうぞよろしくお願いします。

「舞台裏のゾーン」の積み重ねが「大舞台でのゾーン」につながる

伊賀 普段の会議でゾーンに入るというのは、私自身もちょっと驚きでした。なぜ私がファシリテーションを行うと、組織やチームがゾーンに入るのか、そのメカニズムをぜひ知りたい。中竹さんが早稲田大学のラグビー部で指導されていた時も、そういった状況が何度かあったのではないかと思います。中竹さんに「チームスポーツでチームがゾーンに入るときのメカニズム」を教えていただき、スポーツとビジネスとの共通点をディスカッションできるといいなと思っています。

中竹 わかりました。議論に入る前に、2つ整理しておきたいと思います。

1つは「ゾーン」と「フロー」の言葉の使い方についてです。その違いをごく簡単に説明すれば、例えば「ゾーン」では「自分の能力を高めること」が目的になります。一方、「フロー状態」は「課題に没頭すること」が目的になります。ただしここでは、厳密な概念の差異にはあえて触れず、主に「ゾーン」という言葉を使いながらお話ししたいと思います。

伊賀 ありがとうございます。

中竹 もう一つは、先ほどの話を伺って思ったのですが、伊賀さんがやられているのは、スポーツの試合中、つまり最終的なパフォーマンスの最中に選手がゾーンに入る話ではない、とい

うことです。

伊賀　どういうことでしょうか。

中竹　ラグビーのワールドカップや野球のＷＢＣの話は、あの試合こそがチームとして最終的に目指すべきパフォーマンスなんですね。

伊賀　はい。

中竹　しかし、伊賀さんがファシリテーションして会議がゾーンに入るという話は、会議の最終的な目標であるパフォーマンスの中で起こることではない。

伊賀　なるほど。

中竹 伊賀さんが会議で実現を目指されているのは、ワールドカップやWBCでの「パフォーマンスとしてのゾーン状態」ではなく、「優れた成績を出すチームは、日頃の練習やミーティングの際にもゾーンに入っている」という話ではないかと。

伊賀 おっしゃる通りです。

中竹 言い換えれば「会議のテーマを参加者一人一人が自分事化し、それによってエナジャイズ（energize）された状態になること」だと思うんですよ。

伊賀 はい、そうです。

中竹 練習の中にもゾーンがあります。僕もチームの指導中に経験しています。優勝するチームには「今日の練習、すごかったよね」という瞬間がある。「今日のミーティング、本当に良かった」「あいつのあの発言で震えたね」みたいなことが舞台裏で起こっているわけです。

伊賀さんがこの本で書こうとしているのは、スポーツの試合のような表舞台ではなく、舞台裏でどんな会議が行われているのかについてですね。スポーツの場合も、試合という表舞台へ行くまでに、数々のミーティングや練習、練習試合などの舞台裏があります。そのプロセスにおいて、いかにチームをゾーンに持っていくのかが重要になってくる。そういう話ではないかと。

伊賀 はい。単発の会議で終わりではなく、それを継続するプロセスを通じて組織全体がゾーンに入っていくところまで含めて定義しています。それがスポーツの場合は、大きな試合に勝つということにつながっているわけですね。

中竹 そうです。一般的にいわれるスポーツにおける「チームゾーン」は、試合というパフォーマンスの最上位で完結します。しかし、ビジネスの会議では、スポーツの試合のように「いい会議をやったぜ！」で終わってしまっては意味がありません。

伊賀　その通りです。私が主張しているのは、参加者がゾーンに入るような会議を継続していくことによって、組織が恒常的により強くなっていくということです。スポーツで言えば、日々の練習や舞台裏のミーティングでゾーンに入ることを積み重ねた結果、大舞台の試合でもゾーンに入る。ビジネスで言えば、日々の会議でゾーンに入り、その積み重ねの結果、組織全体がゾーンに入る。つまり組織が持つ能力が、日々の会議の積み重ねで最大限に高まる、ということを言っています。

中竹　はい。その通りですね。

伊賀　では、それらを踏まえた上で「チームのメンバーがゾーンに入るためには何が必要か」について、議論を進めたいと思います。

ゾーンに入れるには心理的安全性が不可欠

中竹 チーム全体がゾーンに入るために必要なことの一つは、メンバーの誰一人として、チームの関係性において危険を感じていないということです。言い換えれば、全てのメンバーが「心理的安全性が守られている状態」にあること、それがチーム全体をゾーンに入れるための必要条件となります。

伊賀 全員の心理的安全性の担保が必須だと。

中竹 人間って、組織に入った瞬間から誰かの目を気にするんです。

伊賀 そうですね。

中竹　これは仕方のないことなんです。人間は社会的動物ですから、無意識に「自分はどう見られているのか」「どう振る舞えば嫌われないか」「他の人の邪魔をしていないか」と気を使います。この傾向は本来、人間にとっては非常に重要です。その気遣いがないと、人間は社会で生きていけないですから。

伊賀　確かにそうですね。

中竹　しかし、この気遣いが過度に発動すると、当然ながらお互いが非常に警戒し合ったり、過剰に気を使ったりしてしまい、その結果、精神的なバリアを張ってしまいます。人間の能力のキャパシティーは決まっているので、どこにエネルギーを使うかという時に、無意識に精神的なバリアにエネルギーを使っているわけです。皮肉な言い方をすれば「人は組織に入った瞬間から、もう一つの仕事に頑張り過ぎてしまう」というわけです。

仕事というのは本来、「課題をクリアする」「このタスクをチームで実行する」あるいは「会議に集中して結論を出さなければならない」などということが目的になります。しかし、実際には「失敗したら、何か文句を言われるのではないか」「この行動で、自分はどんなふうに思われるのか」「こんな発言をしたら、嫌われるのではないか」ということばかり考えて、そちらにエネルギーを使ってしまいます。

伊賀　そういうこと、よくありますね。

中竹　そんな余計な気遣いや懸念がなくなって、エネルギーを全て本来の目

的である仕事に注ぎ込めば、チームは100%のパフォーマンスを出すことができて、メンバー同士が本当の意味でつながっていくようになります。つまり、フロー状態やゾーンは「心理的安全性」という土台の上にしか成り立たないということです。

伊賀 なるほど。人間は社会的動物であるが故に、仕事とは別のことについ意識が向いてしまうわけですか。

中竹 ただ、それは悪いことではなくて、そのような気遣いや懸念がないと、社会規範は保たれません。人間は常に「こういうことをやってもいいのだろうか」とためらい、自らに問いかけながら行動しています。この「ためらい」、英語では「hesitation」が、社会規範や組織規範をつくっている。その規範こそ、私が『ウィニングカルチャー 勝ちぐせのある人と組織のつくり方』で書いた組織文化なのです。

伊賀 「hesitation」はとても重要なキーワードなのですね。

中竹　はい。しかし、それらの規範が24時間保たれるということはありません。そうなると、お互いがそれほど知り合っていない状況では、お互いに警戒しないと生きていけない。ですから、フローやゾーンに入った状態とは、ある種「特別な目的を共有する特別な仲間と特別な空間でしか生み出されない状態」なのです。

ビジネスの会議であれ、スポーツのミーティングや練習であれ、チームのメンバーがお互いに気を使うことなく、自分のパフォーマンスに全力を尽くせる状態が、チームフロー、チームゾーンを生み出す大前提条件となるわけです。

伊賀　そうですね。私も会議のファシリテーションでは、最初にどうやって心理的安全性を担保しようか、参加者同士のバリアをいかにして取り除くかに注力します。

疑似的ですが、第一歩として社長と若手社員がフラットに話せるように「この会議中はお互いをニックネームで呼びましょう」と提案します。「渡辺社長ではなく、ナベさんと呼びましょう」みたいな感じです（笑）。こういった簡単なことでも、一定の効果はあります。

中竹　それはいいですね（笑）。

伊賀　他にも自己紹介の際、「昨日の休日は何をしていたか」など、意図的にプライベートな話にも触れてもらうことで、参加者同士の心理的距離感を縮める努力は必ず最初にやりますね。

中竹　チーム全体の心理的安全性を担保するために、そのプロセスは重要だと思います。

ゾーンに入る会議には明確な目標が必要

伊賀　心理的な安全性を担保して、参加者の「ためらい」をなくすのは簡単なことではありませんが、その課題をクリアできたとしたら、次にビジネスの会議、スポーツのミーティングや練習において、チーム全体をゾーンに入るために必要なこととは何でしょうか。

中竹 スポーツの場合、練習試合であれば「試合に勝つ。そのために点数をたくさん入れる」というふうに、何か明確なゴールがないと選手はゾーンに入っていかないと思います。

伊賀 チーム全体で目指す「明確なゴール」が必要だと。

中竹 例えば会議の場合は「ブレストしてたくさんのアイデアを出す」「企画を必ず1つはひねり出す」「企画の後の戦略を打ち立てる」など、参加者全員が1つのゴールに向かって遺憾なく自分の能力を発揮して初めて、それぞれのフロー状態、ゾーンに入った状態がチーム内で掛け算の効果を生みます。

もし、チーム全体で目指す1つの目標やゴールがなければ、その会議がどこに向かっているのかわからない。たとえ個々に最大限の能力を発揮できたとしても、それらの方向性がバラバラだと、チームフロー、チームゾーンの状態に入ったとは言えません。

伊賀 そうですね。

中竹 スポーツの場合、目標やゴールの設定は比較的簡単なんですよ。「点数をより多く取って、相手に勝つこと」が最終的な目標であり、チームが目指すべきゴールです。伊賀さんが会議の参加者をゾーンに入れるためにファシリテーションするときは、どんな目標を設定されるのですか。

伊賀 具体的な目標はその会議のテーマによって変わってきますが、大きく捉えれば、会議を通じて、みんなで共有する「協同的目標」自体をつくる。共創、創発するということです。これまでのビジネスにおいては「売り上げ」などの達成すべき数値に関して、組織としては「他社に勝つ」、チームとしては「社内の他の営業部より営業成績を上げる」など、「競争に勝つ」ことを目標にして組織やチームはマネジメントされてきました。これは「競争的目標」です。

しかし、私が会議をファシリテーションするときは、「競争的目標」ではなく「協同的目標」をみんなで共に創ることを行います。チーム全体が同じ目標を共に創ることによって、互いの絆や信頼関係を生み出すような共通の目標ができるのです。この協同的目標を自分たちで創発するプロセスを共体験することで、組織がゾーンに入る。そして協同的目標を共有することができれば、結果的に他社との競争にも勝てるというのが私の考え方です。

中竹　ただ「勝つこと」だけを目指すのではなく、組織やチームを強くすることに主眼が置かれているわけですね。

伊賀　その通りです。私がファシリテーションする創発会議では、上から戦略を押し付けられるのではなく、会議に参加した全てのメンバーが、自分たちの言葉で議論し、共に戦略を練り上げていく。だからこそ互いに対する信頼も生まれるし、その戦略で達成すべき協同的目標も生まれると考えています。

ビジネスにしろ、スポーツにしろ、昔の「リーダーシップ」は、社長や重役、監督やコーチなど上の立場の人間が、組織やチームをけん引していくことだと考えられていました。しかし、時代は変わりました。中竹さんが本の中でも書かれている「フォロワーシップ」もそうだと思うのですが、一人一人が自分の目標をはっきり持てて、なおかつチーム全体の目標と重なっている状態へと導くこと、フォローすることが、今の時代に求められているリーダーシップではないかと考えています。

中竹 伊賀さんが会議で設定される「協同的目標」については理解できました。

もう1つ、注意しなければならない点として、会議がただ「盛り上がった」だけでは、本当にチームでゾーンに入ったかどうかわからないという問題が挙げられます。

伊賀　盛り上がっただけでは「ゾーンに入った」とは言えない？

中竹　はい。会議自体は静かに、穏やかに進行して、あまり盛り上がったようには見えなくても、終わってみると今までになかったくらい深くテーマや物事を考えることができたとすれば、それもチームゾーンに入った会議と言えるのではないでしょうか。

伊賀　おっしゃる通りですね。ここでいう盛り上がりというのは、表面的な熱さのことだけを言っているのではあ

りません。私は博報堂時代から「共創型のワークショップ」をかなり長くやってきました。現場の人たちの声を吸い上げて、みんなでディスカッションして、アイデアを創っていく手法です。ただ、ワークショップというのは、ちょっとイベントっぽいところがありますよね。ワークショップも研修もそうですが、その場はどんなに盛り上がっても、終わったら参加者は自分が学んだことをすっかり忘れてしまうケースも少なくありません。

中竹　よくある話ですね。

伊賀　ワークショップや研修がどんなに盛り上がっても、その場限りで終わってしまっては意味がありません。それを継続していくことで初めて、参加者一人一人の魂に火が付いて、モチベーションがアップしていくものです。

ビジネスの会議についても同様のことが言えます。会議には一人一人異なる機能、能力を持ったメンバーが、異なる部署から集まっています。目標がはっきりせず、歯車の一つとして与えられたことだけをやっていたのがそれまでの状態です。しかし、上手にファシリテーションされた会議であれば、継続的に参加するうちに、チームとして成すべき戦略が自分たちの言葉で生み出されます。だからこそ、それぞれが現場に戻った時、自分がどういう役割で、組織やチームのために何をやるべきかについて理解できるのです。

その結果、一人一人のやる気も高まってくるし、組織全体が今までとは違うもう一つ上のステップに入っていける。それが私の「会議で組織をゾーンに入れる」という定義です。

中竹　なるほど、わかりました。

特別対談:図表1　なぜ組織はゾーンに入るのか?

スポーツの場合

成果に導く動因《メカニズム》

①**心理的安全性**
- 本音で話せる
真の信頼関係

②**チーム目標の共有**
- チームコンセンサス

③**選手一人一人の個性を100%そのまま(ためらいなく)発揮できる状態**

手段《プロセス》

練習、チームトーク

成果

試合に勝つ

試合で集中力が
高まった状態
フロー状態

本書で記す
創発会議の効用

成果に導く動因《メカニズム》

①**協同的目標(戦略)の共創**

②**創発を通じて生まれる心理的安全性(互恵関係)**

③**期待と自信のコントロール**
- 自分たちの強み領域を生かしたチャレンジ水準の設定

手段《プロセス》

創発会議
- 知識創造(戦略創造)の共体験
- 知的好奇心の刺激/
創造性の発揮

成果

創発
イノベーション
(事業成長)

一連のプロセスで、組織が「ゾーンに入る」
- 個々人のモチベーションの高まり
- 組織全体の創造性と実行力が120%、150%に高まった状態

「カリスマリーダー」は組織に不要なのか？

伊賀 中竹さんの主戦場であるラグビーの世界には、2015年のワールドカップで、日本代表ヘッドコーチとして南アフリカ代表を撃破するなど、歴史的な3勝を挙げた現日本代表ヘッドコーチのエディー・ジョーンズさん、2001年に早稲田大学ラグビー蹴球部監督に就任して5年連続で関東大学対抗戦全勝優勝を果たし、大学選手権も3度制覇、サントリーラグビー部の監督2年目の2007年度にはサントリーを初のトップリーグチャンピオンへと導いた清宮克幸さんという2人のカリスマ指導者がいます。彼らが指導すると、そのチームはとんでもない強さを発揮するようになるので、「カリスマリーダーでなければ、選手をゾーンに入れることができない」と考えてしまいそうになります。

しかし、中竹さんは2006年に清宮さんから引き継ぐ形で早大ラグビー部監督に就任すると、カリスマ的な「強いリーダーシップによる指導法」ではなく、チームのメンバー自らに考えさせて決めさせる「自律支援型の指導法」で、就任翌年から大学選手権2連覇を達成されました。中竹さんの著書『新版　リーダーシップからフォロワーシップへ　カリスマリーダー不要の組織づくりとは』のタイトルをご自身で実行し、見事に証明されたわけです。

そこで、チームをゾーンに入れるため、指導者にとって必要なものが「カリスマ性」でないとすれば、いったい何が必要なのでしょうか。

中竹　そのご質問にお答えする前に、よく誤解されるので、念のため説明しておきたいことがあります。

伊賀　何でしょうか。

中竹　本のサブタイトルにある「カリスマリーダー不要の組織づくりとは」を読んで、「カリスマリーダーなんて必要ない」と勘違いする方が少なくありません。「中竹さんは清宮さんのようなカリスマ指導者を否定しているみたいですね」と言われたこともあります。しかし、私には清宮さんやエディーさんのようなカリスマ指導者を否定するつもりなどありません。だって、チームにとっては「カリスマリーダー」がいてくれるほうがいいに決まっていますから（笑）。

伊賀　その通りですね（笑）。

中竹　指導者だけではありません。選手の中にカリスマがいたら、チームづくりの際、当然、そのカリスマ選手の力を借りますよ。たとえば私がチームを組んでいる時に五郎丸歩選手のようなカリスマ性を持った選手がいたとします。何かチームに大切なことを伝えなければならない時には、その選手に「これ、お前が言ったほうが説得力あるから、俺の代わりにみんなに言ってくれ」とカリスマの力を借ります。カリスマが言えば、選手はすぐに納得しますから。

伊賀　では、「カリスマリーダー不要の組織づくり」というのは、どういう意味ですか。

中竹　チームに清宮さんやエディー・ジョーンズさんのようなカリスマ指導者、五郎丸さんのようなカリスマ選手など、いわゆるカリスマリーダーがいたらうれしいし、チームづくりにおいても大いに助かります。しかし、カリスマリーダーを探そうと思っても、そう簡単に見つけられるものではない。もし見つけたとしても、よほどの強豪チームでもない限り、来てくれる可能性は低い。

伊賀 それが現実ですね。

中竹 ほとんどの組織やチームにはカリスマリーダーがいません。しかし、だからと言って「うちのチームにはカリスマリーダーがいないから、良い成績は望めない」と諦める必要はないのです。カリスマリーダーがいない場合の最後の策として「リーダーシップからフォロワーシップへ」という戦略があるからです。

伊賀 なるほど。カリスマリーダーがいなくても、フォロワーシップで強い組織をつくることができる。よって、強い組織づくりにカリスマリーダーが絶対に必要というわけではない……ということを「カリスマリーダー不要の組織づくり」と表現しているのですね。私が必要とされるのも、そのようなケースです。

中竹 そういうことです。

現代の指導者に求められる4つの役割

伊賀　では、カリスマ性が必ずしも必要でないならば、チームをゾーンに入れる指導者に不可欠な役割とは、何だとお考えですか？

中竹　以前、監督やキャプテンに必要とされた役割は、チームを率先する、つまりリードするという意味で、文字通り「リーダー」、そして取るべき戦法や戦略を決める「ディシジョンメーカー」でした。

しかし、時代が変わって、現代の指導者にはさらに2つの役割が求められるようになりました。1つは「ファシリテーター」、もう一つが私の提唱する「フォロワー」です。

伊賀　スポーツにおいても、選手をゾーンに入れるためには、やはりファシリテーションが必要だと。

中竹　ビジネスの会議におけるファシリテーションと同様、スポーツにおいてもファシリテーションが非常に重要になってきています。サッカーの日本代表監督である森保一さんや、２０２３年のＷＢＣで監督として日本代表を優勝に導いた栗山英樹さんも、自分が物事を全部決めるというよりは、選手たちに任せて、自らはファシリテーターの役割に注力したと報道されています。

伊賀　なるほど。では、フォロワーというのは、どのような役割なのでしょうか。

中竹　試合に出るのは選手であり、監督やコーチは出ません。いわゆる本番では、自分は表には立たず、選手たちに仕事を任せなければならない。日頃のミーティングや練習、練習試合などの舞台裏で、選手たちをフォローするしかないわけです。

良いフォローができたかどうかは、表舞台での選手たちのパフォーマンスに大きく影響します。ですから「フォロワー」は指導者にとって非常に重要な役割と言えるのです。

伊賀 そうなると、現代の指導者には、リーダー、ディシジョンメーカー、ファシリテーター、フォロワーの4つの役割が求められるわけですね。

中竹 良い監督やコーチのみなさんは、ちゃんと4つの役割を果たされていますよ。

伊賀 そうなんですね。

中竹 はい。ただ、見えていないだけです。なぜ見えないのかというと、試合という表舞台の幕が上がったら、監督やコーチが見える時って、リーダー、あるいはディシジョンメーカーとして動く場面だけだからです。ファシリテーターやフォロワーとしての役割は舞台裏でしか発揮されないので、表舞台の試合中に目にすることはありません。

伊賀 だから、試合しか見ていない私たちは気付かないのですね。

中竹 実際、清宮さんにしろ、エディー・ジョーンズさんにしろ、相当なファシリテーターだったりフォロワーだったりします。チーム以外の人間には見せていないだけです。

伊賀 そういうことなんですね。

中竹　たとえばエディー・ジョーンズさんは、グランドを離れた時のコミュニケーション能力がめちゃくちゃ高い。選手一人一人に寄り添ってくれますし、傾聴してくれます。清宮さんも、選手が「えっ、そんなの見てたんですか？」と驚くくらい細かなところまで見ています。ある選手に聞いたんですが、練習後の何気ない時に「おまえ、この間の試合のあのプレイ、すごく良かったな」って、サラッと言うそうです。その選手も「あの監督の一言で、そこから1年間、頑張れました」とうれしそうに話してました。

だから、やっぱり「いいリーダー」はちゃんと4つの役割をこなしているんですよ。

5つの学びの段階で4つの役割を果たす

伊賀　しかし、そのような4つもの役割を果たすことが、どの程度の方ができているものでしょうか？　実際にその４つの役割を果たしている監督やコーチは、そう多くはいないように思うのですが……。

中竹　それは「良い指導者には４つの役割が必要」ということを知らないからだと思います。特に「指導者としてファシリテーションすること、フォローすること」を知らないだけですよ。

ただし「知る」だけでは足りません。

伊賀　というと？

中竹　カリスマ性と違って、「学ぶ力」は誰にでもあります。きちんと学びさえすれば、誰でも４つの役割を果たせる指導者になれると私は考えています。

伊賀　「きちんと学ぶ」というのは、具体的にどういうふうに学べばよいのですか。

中竹　学びにはいくつかの段階があります。学びの段階については、いろんなモデルがあります。私が提唱しているのは「know」「understand」「try」「can」「keep」の5つの段階です。

伊賀　その5つの段階について、もう少し具体的に説明していただけますか。

中竹　最初は「know」つまり「知る」という段階です。多くの人は「リーダー」と聞けば、チームを引っ張る、戦略や戦法を決める、方針を立てるなどの役割を想起すると思います。しかし、今の時代に求められるリーダーは、リーダーとディシジョンメーカー以外にファシリテーターとフォロワーの役割も果たさなければならない。「なんだ、今まで勘違いしていたけれど、リーダーってファシリテーターとフォロワーもやらなきゃいけないんだ」と知ること、気付くことが、学びの最初の段階になります。

伊賀　気付かなければ、何も始まりませんからね。

中竹　次は「understand」つまり「理解する」という段階です。

伊賀　知る段階と理解する段階とは、どう違うのですか。

中竹　知る段階は、ただ外から知識や情報をインプットしただけ。理解する段階は、その知識や情報を自分の言葉で説明できるようになることです。たとえば「ファシリテート」という言葉の場合、「会議の中でいろんな人の意見を引き出す」という定義だけでなく、なぜリーダーにとってファシリテートが重要なのか、その意義まで自分の言葉できちんと語れるかどうかが、理解できたかどうかの基準となります。「フォロワーってどういうことで、なぜ今の時代に必要か」について自分で語れるようになって初めて、理解する段階をクリアしたことになるのです。

伊賀 その通りですね。

中竹 この「understand」の段階をクリアした人の多くは「いやあ、わかった、わかった。勉強になったな」と満足して、そこで終わってしまいます。でも、本当は「理解したこと」を試さないと意味がないのです。そこで次に入るのが「try」の学びの段階です。

伊賀 理解したことを実際に試してみるのですね。

中竹 その通り。試してできたら「can」の段階に入ったことになります。この段階まで来れば、「指導者は、リーダー、ディシジョンメーカー、ファシリテーター、フォロワーの役割を果たす」ということを知って、理解して、試してみて、自分でもできるということが確かめられるわけです。

伊賀　段階を追って学ぶことで、カリスマ性を持たない人間でも4つの役割を持つ指導者になれそうですね。

中竹　本当に大切なのは、最後の学びの段階である「keep」です。「try」で1回試してみて、それができて「can」の体験を得ると、ほとんどの人がそこで満足して、やめてしまうんです。しかし、それではダメなんです。

　この段階まで来た人がよく言うんです。「意識を集中すると、ファシリテーションできるようになりますね」とか、「ちゃんと意識したら、み

んなをフォローできるようになりました」とか……。でも、そこで終わっちゃダメで、意識的にじゃなくて無意識の状態でもできるようにする。何度も「try」して、「can」の体験を積んで体得することで、無意識でもできる状態が習慣化されます。そうなって初めて、「keep」の学びの段階をクリアしたことになるのです。

このように「know」「understand」「try」「can」「keep」の5段階をきちんと踏んで学べば、たとえカリスマ性を持っていなくても、既存のリーダー、ディシジョンメーカーに加え、今の時代に求められるファシリテーター、フォロワーの役割も果たせる指導者になり、組織やチームをゾーンに入れられるようになるわけです。

伊賀 会議のファシリテーションの場合も、組織やチームをゾーンに入れるためには、習慣化して無意識でもできるレベルまで持っていくことが必要です。なので、クライアントには「2時間の単発のワークショップや1日の研修をやっても意味ないですよ」といつもアドバイスしています。習慣化するためには、継続することが最も重要ですからね。

クリエイティブの領域をファシリテーションする

中竹 今日、こうして議論してみると、改めて会議における伊賀さんのファシリテーションを見てみたいなと思いました。私の得意分野とは異なるクリエイティブの領域で、どのようなファシリテーションをされているのか知りたいですね。そこは今、ビジネスで最も求められている分野なんですよ。クリエイティブなものを生み出すためのファシリテーションって、論理的に物事を解説するのとはまた違う気がします。

伊賀 確かに創造的な戦略を生む会議は、論理的な思考によるファシリテーションだけでは実現しません。

中竹 そこが伊賀さんの一番の強みのように感じます。

伊賀　ビジネスには様々なステークホルダーが存在します。プロジェクトを成功させるためには、全員の心を動かさなければなりません。論理的な思考も大事ですが、人々の心を動かそうとすれば、やはり新しい戦略やクリエイティブが必要になります。

中竹　そうですね。

伊賀　論理的に考えて当たり前のことを当たり前に打ち出しても、人々の心は動かない。どういう戦略で、どういう言葉を使って、コンセプトやメッセージやシナリオを作っていけばいいのか、経験上、私にはわかっていますので、会議では創発ファシリテーターとして、そこの部分をナビゲートしています。

中竹　まさに、クリエイティブの領域をファシリテーションしていくわけですね。

伊賀　はい。会議の参加者は「戦略ってこういうふうに創ればいいんだ」「確かに、こういうストーリーにすると人々を喜ばせることができるな」「今まではプロダクトアウトだったけれど、マーケットインの顧客発想で心に響く言葉をつくればいいのか」など、知的好奇心が満たされる喜びを体感できます。その結果、参加者一人一人がゾーンに入り、会議が盛り上がります。

そんな会議を継続してゾーンに入る状態を習慣化させれば、「この戦略で市場を変えることができる！」と戦略が自分事化して、やる気に火が付いて、組織やチーム全体が高いパフォーマンスを出せるようになるわけです。そのあたりについては、この本の中で詳しく説明していますので、よろしければお読みになってください。

中竹　本当に楽しみです。クリエイティブの領域のファシリテーションのお話、非常に興味深く刺激になります。

伊賀　こちらこそ、今日の対談でいろんなことを勉強させていただきました。本日はどうもありがとうございました。

おわりに

大学を卒業し、大手広告会社に入社後、マーケティングを中心とした戦略プランナー、戦略ディレクターとして得意先企業の事業戦略、マーケティング戦略の立案支援に長く携わってきました。２０２２年に戦略コンサルタントとして独立起業した際、自分の本当の強みは何か、他社ではなく弊社アキラカを指名していただける独自価値は何かを考えました。

私は、日本のビジネス界にまだワークショップが知られていなかった頃から、共創スタイルでプロジェクトを進行するワークショップ手法に興味を持ち、長くファシリテーターとして活動し、ファシリテーションには少しばかり自信がありました。そこで「戦略ディレクター」兼「戦略創発ファシリテーター」と名乗り、活動を始めました。ワークショップは少し特別なイベント感が出てしまうので、私は「いつもの会議を創発の場に変えます」とお話しし、日常の社内会議に、第三の立場の「戦略創発ファシリテーター」として入ることで、戦略構築を支援するアプローチを取りました。

ありがたいことに、私が独立したことを知った多くの方々がお声を掛けてくださり、スタートからたくさんのお仕事をいただきました。一つ一つの業務を、真摯に誠実に取り組むことを心掛けました。一つ二つ三つとやっていくうちに、ふと思ったことがあります。毎回毎回、参加者に大変喜ばれるのです。

「こんなに会議が盛り上がったのは初めて」「会議でこんなに発言したことはなかったのに今日はとても話しやすかったです」「やりたいことのアイデアが次々と湧いてきました」「こんな会議なら毎日やっていいです。明日も来てください」――。みなさん何か魔法にかかったかのように、喜びの声を私の耳に届けてくれます。その反応は、私の予想をはるかに超えていました。一人一人の魂に火が付いて、熱狂が生まれているのです。少し大げさに表現すると、組織がゾーンに入った状態です。

創発会議を行うたびに、こんな状況になるのを目の当たりにします。でも、私は魔法使いではありません。少し不思議になってきました。なぜ参加したメンバーは熱狂の渦に入るのか？　なぜ組織全体がゾーンに入るのか？　自分のユニークネスはどこにあるのか？　これらをしっかり棚卸しして、言語化、形式知化して、多くの人と共有する必要があるのではないかと考えるようになりました。

多くの企業が次のような課題を抱えています。

①現状の閉塞状況を打ち破る創造的な戦略をどう創ればよいのか？（独自性ある戦略創造）

②部分最適の施策ではなく、各施策が有機的に統合されて機能し、最大効果を発揮するようにするにはどうすればよいのか？（戦略統合とチームビルディング）

③メンバーのモチベーションや主体性を高め、自律的組織にするにはどうすればよいのか？（モチベーションマネジメント）

これら3つの課題を解決する一つの方法論が「戦略創発会議」にあると感じたのです。

棚卸しは簡単にはいきませんでした。日経BPの担当編集者である酒井康治さんには、「伊賀さん、話すと面白いのに書くと堅くなるので、いつも話しているように勢いを出してください」「もっと端的に言い当てて、かつ、つかみのあるタイトルにしましょう」と指摘を受けました。これは広告会社出身の戦略コンサルタントである私が、お得意先企業にいつも言っていることです。灯台下暗し。紺屋の白袴。自分のことはわからない。自分のことを客観的に見て言葉にすることは、専門家であっても難しいのです。

「伊賀さんは会議を通じて〝魔法〟をかけてるんですよね。日本一の会議盛り上げ男なんだと、自信を持って言いましょうよ。伊賀さんも、もっと殻を破りましょう」とも言われました。

そこで、私が取った手法は、私自身をテーマにした「創発会議」です。毎晩のように、様々な友人を誘い、飲みに行っては自分の戦略棚卸しの壁打ち相手になってもらいます。毎日様々な領域の専門家の、多様な視点から気付きをもらいながら、徐々に核心に迫っていきました。

株式会社コーポレートデザイン総合研究所の代表取締役兼CEOの大島義則さんには、「伊賀さんがやっていることって、もはや会議やファシリテーションじゃないですよね。会議やファシリテーションを超えてますよ」「会議はあくまで手段で、伊賀さんがファシリテーションすると、必ず創造的な戦略が生まれる。つまりイノベーションに導く、そういうことですよね」と激賞を受けました。「創発」「会議」といった手段、差別性ばかりに目が行って、本質的な提供価値を見失っているのでは？という指摘だと解釈しました。

また、日本における医薬品のオンライン販売に先鞭《せんべん》を付けた、ケンコーコム株式会社の元取締役で、その後多くの企業の代表を歴任されている樋口宣人さんには「伊賀さんがやっていることって、愛だよね。圧でなくて愛。圧でマネジメントする組織がいまだ多い中、伊賀さんのアプローチって、愛のマネジメントだよね」との示唆をいただきました。

この3人からもらった気付きが、後に閃きの瞬間が訪れた後で、一つの文脈となって整理されていきます。

まず思い付いたコンセプトが「組織をゾーンに入れる魔法のような会議」です。しかし、これは結果と手段を言葉にしていますが、餡子《あんこ》が記されていません。ここでの餡子とは、イノベーションや事業成長につながる創造的な戦略を生み出すことです。創造的な戦略に導くガイド、ナビゲートを共創型の創発会議を通じて行っているのです。結果、組織がゾーンに入るのです。このことをなんとかうまく表現できないか。書籍のタイトルとしてキャッチーに、少し大げさに（笑）。

ウンウンうなっている中で、ついに閃きの瞬間が訪れました。「共創⇒協奏」「ディレクター、ファシリテーター、ガイド、コーチ⇓コンダクター⇓マエストロ」⇓「あなたの組織に協奏曲を奏でる戦略マエストロ」⇓「事業成長を促す〝戦略マエストロ〟の創発術」——。これがこの書籍の戦略コンセプト／コアアイデアです。これまで多くの情報や伝えたいことがあり、結局五里霧中となっていた中で、断片的で、バラバラだった気付きの中から、幹となる重要な要素が一つの文脈となって、骨格として浮かび上がってきました。

「創発会議とはみんなを熱狂に入れる魔法のような会議」「創発会議を通じて、その企業にしかできない独自性ある創造的な戦略に導く」「そのプロセスは大変民主主義的なアプローチ。一人一人の想いや知恵を引き出しながら、みんなで戦略を創っていく。嫌々やらされる専制主義の圧のマネジメントではなく、楽しいからやりたくなる愛のマネジメント。だから、みんなが熱狂に入る」「経験豊富な指揮者、音楽監督が、多彩なメンバーの才能や個性、想いや知恵を引き出す。独創的な協奏曲を奏でるかのように」

書籍として、このような長文を書き下ろしたのは今回が初めての経験です。その後、肉付け（個々のトピック）や、それを覆う皮（表現技術）が、わかりやすいか、適切か、魅力的かについては、よくわからない、自信がないというのが本当のところです。しかし、読んでくださったみなさんが、戦略の民主化、愛のマネジメントについて考えるきっかけになれば幸いです。

発刊に当たっては、私に考えるきっかけと刺激を与えてくださった多くのみなさまに、感謝の意をお伝えしたいと思います。私の社会人および専門家としての経験を積ませてくれた、株式会社博報堂の先輩後輩同僚たち。独立後の私にお声掛けしてくださり、お得意先や協働パートナーなど様々な人たちを紹介してくれた多くの友人知人。多くの実践と実績作りの場をくださったお得意先様。何より楽しそうに参加していただき、目を輝かせて活発に戦略創発に参加してくださったみなさん。そして、執筆に当たり、勝手創発会議（飲み会）に付き合ってくれた大島義則氏。樋口宣人氏をはじめとした、その他多くの友人たち。ＡＩがもたらす未来について壁打ち相手になってくれた若き起業家、一般社団法人生成ＡＩ活用普及協会の協議員であり、株式会社いいんじゃ代表取締役渡邉勇輝氏。特別対談を快く引き受けていただいた中竹竜二氏。日経ＢＰの酒井康治氏。そして独立起業を見守り、陰で支え、応援してくれている私の家族に謝意を表したいと思います。

２０２４年10月

伊賀　聡

参考文献

●会議やファシリテーションに関する文献

中野民夫『ワークショップ』　岩波新書
博報堂HOWプロジェクト『わかる！ビジネスワークショップ』　PHP研究所
堀　公俊『問題解決ファシリテーター』　東洋経済新報社
安斎勇樹／塩瀬隆之『問いのデザイン』　学芸出版社

●戦略や思考法に関する文献

ジェームス・W・ヤング『アイデアのつくり方』　CCCメディアハウス
アル・ライズ／ジャック・トラウト『マーケティング22の法則』　東急エージェンシー
ジョエル・パーカー『パラダイムの魔力』　日経BP
ジャック・トラウト『ニューポジショニングの法則』　東急エージェンシー
齋藤嘉則『問題解決プロフェッショナル』　ダイヤモンド社
齋藤嘉則『問題発見プロフェッショナル』　ダイヤモンド社
エリヤフ・ゴールドラット『ザ・ゴール』　ダイヤモンド社

ピーター・ドラッカー『マネジメント 基本と原則』 ダイヤモンド社
クレイトン・クリステンセン／マイケル・レイナー『イノベーションへの解』 翔泳社
宮田秀明『仕事のやり方間違えてます』 祥伝社
米盛裕二『アブダクション』 勁草書房
石井淳蔵『ビジネス・インサイト』 岩波新書
安宅和人『イシューからはじめよ』 英治出版
楠木 建『ストーリーとしての競争戦略』 東洋経済新報社
楠木 建「イノベーションとマーケティング 価値次元の可視性と価値創造の論理」「マーケティングジャーナル」（2011年 30巻 3号）
根来龍之『事業創造のロジック』 日経BP
入山章栄『ビジネススクールでは学べない世界最先端の経営学』 日経BP
水越康介『「本質直観」のすすめ。』 東洋経済新報社
クリスチャン・マスビエア／ミゲル・B・ラスムセン『なぜデータ主義は失敗するのか？』 早川書房
クレイトン・M・クリステンセン／タディ・ホール／カレン・ディロン／デイビッド・S・ダンカン『ジョブ理論』 ハーパーコリンズ・ジャパン
クリスチャン・マスビアウ『センスメイキング』 プレジデント社
紺野 登／野中郁次郎『構想力の方法論』 日経BP

田所雅之『入門　起業の科学』　日経BP
入山章栄『世界標準の経営理論』　ダイヤモンド社
経済産業省『人的資本経営の実現に向けた検討会　報告書　～人材版伊藤レポート2.0～』
中小企業庁『経営力再構築伴走支援ガイドライン』
吉田満梨／中村龍太『エフェクチュエーション』　ダイヤモンド社
村上靖彦『客観性の落とし穴』　ちくまプリマー新書

●組織論やモチベーション（心理学）に関する文献

野中郁次郎『知識創造の経営』　日本経済新聞社（日経BPマーケティング）
野中郁次郎／紺野　登『知識経営のすすめ』　ちくま新書
カール・E・ワイク『センスメーキング　イン　オーガニゼーションズ』　文眞堂
ダニエル・ピンク『モチベーション3・0』　講談社
フレデリック・ラルー『ティール組織』　英治出版
中竹竜二『リーダーシップからフォロワーシップへ』　CCCメディアハウス
中竹竜二『ウィニングカルチャー』　ダイヤモンド社
鹿毛雅治『モチベーションの心理学』　中公新書

塩見康史／なかむらアサミ『わたしからはじまる心理的安全性』　翔泳社

●その他、関連文献

勅使河原蒼風『花伝書』　草月文化事業出版部
レイチェル・カーソン『センス・オブ・ワンダー』　新潮文庫
勅使河原蒼風『草月五十則』　草月文化事業出版部
羽生善治『決断力』　角川新書
勅使河原茜『いけばな』　角川Oneテーマ21
羽生善治『直感力』　PHP新書
山口 周『世界のエリートはなぜ「美意識」を鍛えるのか？』　光文社新書
江田智昭『お寺の掲示板』　新潮社

著者略歴

伊賀 聡（いが・あきら）

株式会社アキラカ　代表取締役社長

福岡県出身。九州大学文学部哲学科社会学専攻。博報堂でマーケティング部部長、チーフ戦略プランニングディレクターを経て、2022年に株式会社アキラカ設立。「創発会議」を通じて、創造的なビジネス戦略の立案～施策設計を伴奏支援する。多くのヒット商品を創出し、得意先企業の事業再生、事業創出を支援。ファシリテーター歴25年。これまでに携わったファシリテーション数は大小合わせて推定1万回、2万時間以上。プロジェクトメンバーのモチベーションに火を付ける。現在も毎週1回、年間60回の会議をファシリテーションする。公益社団法人日本マーケティング協会マーケティング・マイスター、一般社団法人日本マーケティング・リサーチ協会 産業ビジョン委員、女性起業家育成　EYアクセラレータープログラム メンターなどを歴任。草月流いけばな師範（伊賀晶樺）。

株式会社アキラカ：https://www.akiraka.co.jp/

日経クロストレンド

「マーケティングがわかる　消費が見える」を編集コンセプトとするオンラインビジネスメディア。顧客相手のビジネスを展開している限り、携わるすべての人が「マーケター」です。顧客に寄り添い、課題を解決するヒントを探るべく、日経クロストレンドでは、マーケターのためのデジタル戦略、消費者分析、未来予測など、多彩なテーマの記事を平日毎日お届けします。また、第一線で活躍するマーケターを招いた各種セミナーイベントも定期的に開催。あらゆるマーケティング活動やイノベーション活動を支援します。
https://xtrend.nikkei.com/

組織をゾーンに入れる会議の魔法

2024年11月5日　第1版第1刷発行

著　者　伊賀 聡
発行者　佐藤央明
発　行　株式会社日経BP
発　売　株式会社日経BPマーケティング
〒105-8308　東京都港区虎ノ門4-3-12
編集協力　佐保 圭
編　集　酒井康治（日経クロストレンド）
装　丁　中川英祐（Tripleline）
制　作　關根和彦（QuomodoDESIGN）
印刷・製本　大日本印刷株式会社

ISBN　978-4-296-20643-8
Printed in Japan